EL DESPERTAR
Y TUS ALAS

ExLibric

GUIDA PALOMO MEZA

EL DESPERTAR
Y TUS ALAS

EXLIBRIC

ANTEQUERA 2020

GUIDA PALOMO MEZA

EL DESPERTAR
Y TUS ALAS

ÍNDICE

PRÓLOGO

Hace aproximadamente cinco años, allá a comienzos de 2015, tuvimos una conversación con mi hermana acerca de la espiritualidad y, sin saber la una de la otra y desde siendo muy niñas, siempre nos preguntamos en silencio cuál seria nuestra misión en esta tierra. ¿A qué vinimos? ¿Por qué estamos aquí? Fue algo que llevamos con nosotras. Fuimos criadas en una familia de un hogar católico, ella la quinta de cinco hermanas, yo la quinta de nueve hermanos (dicen que no hay quinto malo) y, como les decía, hasta hace cinco años charlamos sobre nuestros pensamientos.

Ella me recomendó las charlas acerca de encontrarnos y analizarnos como seres humanos, iniciamos una búsqueda en otras prácticas espirituales y así seguimos enganchadas en esta búsqueda que nos inquietaba desde pequeñas. Nos fuimos adentrando y qué sorpresa tan maravillosa descubrir que a ella le llegó este despertar y quiso compartirlo con todos aquellos que sienten esta inquietud y quieren avanzar y encontrar su camino.

Este libro está escrito con amor, con sencillez y con mucha claridad, en especial para aquellos que inician este despertar. Al principio pensé que se trataba del relato de sus experiencias espirituales. Cuando inicié la lectura, me desubiqué un poco, el recuento de lo que ha sido la humanidad hasta ahora, pero era fundamental hacerlo para poder llegar a la conclusión, que hizo que me aclarara tantas inquietudes y saliera de mi estancamiento.

El camino de la espiritualidad no es otro que el de encontrarnos con nosotros mismos, y la forma más sencilla de hacerlo se encuentra descrita en este maravilloso libro.

Comparar todos estos análisis, ponerlos en practica, es lo que nos hará libres.

Que mi hermana me haya encargado este prólogo ha sido todo un honor.

Gracias, gracias, gracias.

Niobe Palomo Meza
Abril de 2020

PREFACIO

El contenido de este libro es un mensaje de investigación, información y del despertar de la conciencia, recordando o haciendo alusión a la célebre frase bíblica: «La verdad os hará libres» (Juan 8, 31-32).

Lo importante es dejarlo a tu pensar y a la sensibilidad en la que te encuentras ahora, en estos tiempos aún más difíciles y de avatares de la vida en un mundo lleno de incertidumbre, injusticias, zozobra y aflicción.

Es de vital importancia atender el comienzo de nuestra historia y civilización, civilizaciones de generación en generación, como también nuestro ecosistema, en el que hemos sido guiados y formados en nuestro particular *modus vivendi*. En algunos momentos reflexionamos a solas y nos surgen preguntas con un toque en nuestro corazón y, aun sin atenderlo, nos quedamos solos, inquietos, con preguntas que no tienen respuesta, que no dan razón. Tal vez es la voz de la conciencia, que nos alerta y a la vez la dejamos ir porque al final no nos interesa, porque estamos en letargo, porque estamos distraídos, porque estamos ocupados, porque estamos dormidos.

Lo importante es que nos conozcamos con el despertar de la conciencia, avivar nuestro amor y comprensión por los demás desde el punto de vista de nuestra propia referencia y así ser libres y conscientes con la gran esperanza de romper toda atadura y dignificarnos en la grandiosidad del amor, que con su esencia nos hace libres, y ser hombres de justicia. Lo referente a esto lo aprendí especialmente con mis padres y hermanos y demás familia, y nunca lo olvidaré, como tampoco aquellas palabras de la querida tía Merid cuando decía «mantener siempre la union familiar», y sé que forma parte de un comienzo.

Muchas gracias a ti, hermana, por tan sentidas, valiosas y preciadas palabras en el prólogo, y que además rememoran nuestra infancia en nuestro dulce hogar, enjugando mis ojos de grata nostalgia. Desde ya hace tiempo somos tres, junto con nuestra querida hermana Dayra, en ese vuelo del despertar de la conciencia con las alas de la libertad y que esperamos lograrlo todos.

INTRODUCCIÓN

Inquieta por buscar la verdad de nuestro universo, de nuestra historia, de nuestro mundo, de nosotros mismos, inicié esta labor con un punto de partida, interconectando con las personas mayores, maduras, jóvenes y adolescentes de cualquier estrato social, sexo, estatus económico, preparación, etc. Teniendo en cuenta la ocasión y la oportunidad, los abordaba con preguntas referentes al mundo, a nuestro ecosistema y a los acontecimientos actuales (explotación de nuestros recursos naturales, desastres mundiales, etc.). ¿De qué pueden provenir? Muchos no saben nada; otros el cambio climático lo atribuyen a algo natural; algunos no se preocupan, les es indiferente; a otros tantos no les interesa porque con sus ocupaciones ya tienen suficiente, y otros más se dan cuenta de la situación, pero es a partir de ese momento cuando empiezan a darle el valor significativo, del que no se habían percatado antes pese a la vista de los acontecimientos mundiales.

Desde mis tiempos juveniles y aislándome a solas en mi ventana sentía que yo tardaría mucho tiempo en abandonar el nido de mi hogar, y así ha sido, como también en aquellos tiempos surgían de mi preguntas como si yo fuese a la vez la maestra y la alumna. Una alumna que tenía las preguntas, pero a la vez recibía las respuestas vacías de un gran maestro o maestra. Mis experiencias personales (y en algo extraordinarias) me han motivado a una búsqueda del conocimiento humano y espiritual y sé que a otros les habrán pasado este tipo de experiencias.

Para desvelar estos paradigmas tenemos que hacer un alto en el camino y a la vez hacer crecer un corazón amplio y generoso. Algunas de mis experiencias personales que han ido más allá de lo natural e inexplicable me han motivado a una búsqueda espiritual, a paradigmas por resolver, a una sabiduría que conocer y a un mundo y universo que atender. El mundo donde estamos lo contemplo con todas las maravillas creadas a la vista de nuestros sentidos: la noche y el día, la luna y las estrellas, los mares, los ríos, la tierra, las flores, los frutos, el aire, los cielos, los animales y el ser humano.

¿Todo eso ha sido hecho por quién? Que yo sepa, no por el hombre. Entre lo que sí es dado por mano del hombre muchas son cosas buenas, pero también están la injusticia, las guerras, el poder, el dominio, la miseria, el hambre y un enjambre de enfermedades, virus, epidemias, dolor, abandono, torturas, odios, rencor, venganza, crimen, terror, horror, maldad, pobreza, egoísmo, desgracias, atrocidades, angustias, conflictos, racismo, repudio, indiferencia y todo calificativo que tú le puedas dar a este sistema de cosas negativas y despiadadas. (Bíblico 2 corintios cap.4: v 4). En los cuales el dios de este siglo cegó el entendimiento de los incrédulos, para que no les resplandezca la luz.

«Porque no tenemos lucha contra sangre y carne, sino contra principados, contra potestades, contra los gobernadores de las tinieblas de este siglo, contra huestes espirituales de maldad en las regiones celestes» (Efesios 6, 12).

«Y oiréis de guerras y rumores de guerras. Mirad que no os turbéis, porque es necesario que todo esto acontezca, pero aún no es el fin» (Mateo 24, 6-8). Y todo esto será principios de dolores.

Hace 1.900 años el filósofo, político, orador y escritor romano español Séneca (4-65 d. C.), máximo representante del estoicismo, declaró lo siguiente en su obra *Cuestiones naturales* (libro VII):

«Llegará una época en la que una investigación diligente y prolongada sacará a la luz cosas que hoy están ocultas. Llegará una época en la que nuestros descendientes se asombrarán de que ignorábamos cosas que para ellos son tan claras».

Debemos germinar como semillas nuevas, rescatando nuestra luz, porque fuimos dados a luz, para la luz y ser luz. Cabe aludir en este particular término el lema de mi universidad, la Universidad Externado de Colombia: *«Post tenebras spero lucem»* (después de las tinieblas espero la luz).

Algunas de las partes del último discurso de John F. Kennedy que dice así... La propia palabra secreta es repugnante en una sociedad libre y abierta. Pido su ayuda en la tremenda tarea de informar y alertar a la población confiando que con su ayuda los hombres serán como han nacido, libres e independientes.

Asimismo, continuamos exaltando la enseñanza bíblica:

«Porque no hay nada oculto que no haya de ser manifesta-do, ni escondido que no haya de salir a la luz» (Marcos 4, 22).

Hubo unos sucesos inesperados y demasiado importantes en mi vida, ocurridos en 1996, 2002 y 2.010, y que es imprescindible reseñar aquí como una lección profunda y dolorosa, pero con un sentimiento de poder espiritual. También en mayo de 2019 tuve un suceso en el que experimenté una vivencia paralela con otros estados de conciencia relacionados con una maestra (escritora), yo haciendo compañía a una señora en el ocaso de su vida y recordando a mi amada madre. Estrellas en el cielo que engrandecen nuestra alma, reconfortan nuestro espíritu y amplían el poder y el despertar de la conciencia, el corazón y el espíritu.

Para centrarnos brevemente en el tema y en el contenido del mismo, inicio desde un punto de partida significativo, importante y necesario, en los anales de la historia religiosa. Con mi más profunda comprensión y respeto, debo anunciar que tenemos libre albedrío, por lo cual somos libres de pertenecer a cualquier doctrina, principio, fundamento, norma, ley, canon o precepto. Mi inclinación personal, interna, profunda y sensible es más que nada hacia lo espiritual, incluyendo principalmente las doctrinas del máximo exponente del amor, Jesús de Nazaret. Esto es, conocernos a nosotros mismos, amar, perdonar, ser generosos y ser seres libres.

~ I ~

RELIGIONES

En cuanto al origen y evolución, las grandes religiones del mundo son diferentes; sin embargo todas las religiones, en un grado u otro, comparten la creencia en una sola realidad espiritual divina. Las grandes civilizaciones que existieron, comenzando con la sumeria y durante el milenio anterior al nacimiento de Jesucristo y aun después, originaron y sembraron las grandes religiones mundiales.

Tomando las referencias geográficas y demás, partimos con el Imperio persa, extendido desde Mesopotamia hasta el Índico, las grandes cuencas fluviales de China, el vasto subcontinente indio y finalmente Roma, que abarcaba todo el mundo mediterráneo. En su mayor parte, estas religiones se desarrollan durante un breve periodo en comparación con todo el lapso de la historia humana.

Los profetas y reformadores más destacados del hinduismo, budismo, judaísmo, islamismo, cristianismo y de las religiones de China fueron todos grandes bases y la influencia de estos personajes en las religiones sería definitiva. Pese a las persecuciones, las grandes religiones mundiales han sobrevivido, modelando nuestra forma de vida en códigos morales, culturales, educativos, de comportamiento, ética, etiqueta y, paradójicamente, avivando las fuerzas de las connotaciones políticas. A medida que crecían los imperios, abarcando grandes áreas, en muchos pueblos de costumbres diferentes se hacía patente la necesidad de unas creencias más universales que las que podían ofrecer los dioses triviales de los primeros tiempos. El hombre primitivo había creído que el mundo natural era el de los espíritus. Más adelante serían reemplazados por mitos de dioses y diosas: la madre tierra, la lluvia, los dioses sol y otros más, como el mito del dios egipcio Osiris, que es el relato más influyente de la antigua mitología egipcia. Era un rey primitivo, fundador de la nación egipcia, esposo de Isis. Su hijo fue llamado Horus.

MITOLOGÍA EGIPCIA

Osiris es el dios egipcio de la resurrección, la vegetación y la agricultura y a su vez es símbolo de la fertilidad y regeneración del Nilo. También preside el tribunal del juicio de los difuntos en la mitología egipcia. Su padre era Geb y su madre era Nut. En el mito de Osiris e Isis se abarca la esencia de la religión y espiritualidad de los antiguos egipcios. En la historia los egipcios trataban de explicar el origen del universo, así que Osiris e Isis eran hijos del dios de la tierra y la diosa del cielo, Geb y Nut, que a su vez descendían de otra pareja, Chu y Tefnut, que fueron creados por el dios primordial del universo, Atum. Osiris e Isis formaban una pareja y tenían otros dos hermanos, también casados, Seth y Neftis. La historia trágica de este mito se origina en la rivalidad existente entre estos dos hermanos varones, Seth y Osiris. Osiris se representaba como el dios de las regiones fértiles del valle del Nilo, sobre las que había reinado desde el principio de los tiempos. En esos tiempos primordiales, Osiris transmitió a los hombres los conocimientos técnicos y económicos sobre los que se fundamentaba toda la civilización. Seth, en cambio, reinaba en las tierras áridas, estériles y despobladas del desierto y las montañas y, por lo tanto, era corroído por la envidia. Seth decidió manipular y engañar a su hermano, logrando que se introdujera en un sarcófago, que después cerró y lo arrojó al río Nilo. Su esposa, Isis, logro rescatar el ataúd, pero después Seth se apoderó de nuevo del cadáver, descuartizándolo. Isis logró reunir las partes y sobre el cuerpo de su esposo concibió un hijo. Incluso se supo también que el dios Anubis embalsamó su cuerpo. Posteriormente Horus vengaría a su padre, derrotando a Seth.

Los protagonistas de este mito fueron objeto de cultos especiales en todas las clases sociales. Ceremonias fúnebres se inspiraban en la historia de Osiris, en quien se veía la promesa de inmortalidad. Isis, por su parte, aparecía como una encarnación de los valores de la esposa y la madre, anticipando la figura de la Virgen María en el cristianismo. Con estos dioses descubrimos el sentir de un pueblo, sus inquietudes, sus expectativas más íntimas, lejos de la imagen rígida e inexpresiva que nos inspiran los monumentos de esa civilización. El culto de Osiris continuó hasta el siglo VI en la isla de File, en el alto Nilo. A pesar de los decretos de Teodosio para destruir los templos paganos en el año 390, el culto a Isis y Osiris en File se permitió hasta la época de Justiniano I, el cual, mediante un tratado entre blemios, nobaitas y Diocleciano, logró frenar el culto. El mito de Osiris nos ofrece una clara representación de la dualidad de la existencia, el caos y el orden, la vida y la muerte, y es por eso que es una venerada deidad, de alta importancia y presencia en los escritos egipcios.

Vale la pena destacar los principales dioses egipcios y sus representaciones:

RA: El dios del sol. Se representaba como un halcón coronado con un disco solar y sobre este una serpiente (caso curioso, ¿por qué siempre la presencia de la serpiente?). Se trata del principal dios del panteón egipcio, símbolo solar que daba la vida y la garantía del concepto egipcio de muerte y resurrección. Algunos otros, como Amón-Ra, utilizaban el nombre de Ra en su nombre. Amón-Ra fue representado como un carnero o un hombre con piel roja o azul y después se fue fundiendo y asimilado con el dios Ra, conociéndose a partir de entonces como Amón-Ra. Era el dios de los pobres y de la piedad personal.

MUT: Era la diosa del lugar de Tebas, diosa del cielo y madre de toda la creación, esposa de Amón. Se la representaba con un tocado de buitre y con la doble corona del alto y del bajo Egipto.

JONSU: Era el dios de la luna, hijo de Amón y de Mut. Se le representaba con cabeza de halcón y coronado con una luna. También aparece con forma humana momificada y coronado por la luna. Se le considera un dios malvado, pero también era el dios de los enfermos, de la medicina y protegía de los malos espíritus.

OSIRIS: Osiris era el dios egipcio de la resurrección, símbolo de la fertilidad y la regeneración del Nilo. Es el dios de la vegetación y de la agricultura. También preside el tribunal que juzga las personas tras su muerte. Según cuenta la leyenda, fue asesinado por su hermano Seth.

ISIS: Es la hermana y esposa de Osiris, diosa de la magia. Se la representaba con figura humana y coronada por un trono. Su principal templo se encontraba en la isla de File. La iconografía de Isis amamantando a su hijo Horus tuvo influencia en la representación cristiana de la Virgen María con el niño en brazos.

HORUS: Es el hijo de Osiris y de Isis. Se le representaba como un halcón o un hombre con cabeza de halcón. Lleva la doble corona de Egipto sobre la cabeza. Desde los primeros tiempos los faraones eran la manifestación de Horus en la tierra. Horus se venga y lucha contra Seth por el trono de Egipto, derrotándolo. Aparece mencionado en el *Libro de los muertos.*

SETH: Era el dios de los pastores nómadas, de las tierras áridas y estériles. Se le representaba supuestamente con la cabeza de un galgo o perro y era hermano de Osiris. Era el dios del mal y del desierto. Mató a su hermano Osiris para usurpar su trono y protagoniza el episodio más famoso de la mitología Egipcia. Aparece mencionado en el *Libro de los muertos.*

HATHOR: Era la diosa de la crianza, del amor y de la fertilidad, de la educación, de la fiesta y de la música. Es también una diosa de la luna. También se la ha llegado a identificar como Afrodita por los griegos. Se la considera hija de Ra y esposa de Horus. Era representada con cuernos de vaca y un disco solar entre ellos.

ANUBIS: Era el dios del embalsamamiento y se le representaba con cabeza de chacal. Era responsable de conducir a los muertos hasta el tribunal divino. Tiene gran importancia como dios principal de los ritos funerarios, partiendo de la reconstrucción y recuperación del cuerpo de Osiris, tomando protagonismo en la momificación.

THOTH: Era el dios del conocimiento, de la escritura y la música. Era conocido como gran orador y se le atribuía la función de gran escriba, registrando las almas de los muertos en el juicio cuando se pesaban sus corazones. A Thoth se le representaba con cabeza de ave o como babuino. Se llego a creer que Thoth fue el redactor del *Libro de la vida* y del *Libro de los muertos*.

PTAH: En los primeros tiempos fue adorado como creador del universo, «maestro constructor». Es el dios patrón de los arquitectos y artesanos. Los romanos lo identificaron como Vulcano. Se le representa como un hombre calvo, con barba. Se le atribuía también poder sanador.

NUT: La diosa Nut, madre de los dioses y reina de los cielos, hermana y esposa de Geb (la tierra), de quien fue separada por su padre Shu (el aire). Recibía el título de «la grande que da el nacimiento a los dioses».

MAAT: Era la diosa símbolo de la verdad, la justicia y la armonía cósmica, la hija de Ra en la mitología egipcia. Maat era para los egipcios la fuerza benefactora de la que se nutrían los dioses a quienes ellos adoraban.

APIS: En su origen era una forma del dios del Nilo Hapi y dios de la fertilidad, relacionado con la propagación de los rebaños de ovejas y manadas de vacas. Se representaba como un hombre con cabeza de toro o un toro con disco solar entre los cuernos.

SOBEK: Dios creador del Nilo, fue el dios cocodrilo, de carácter benéfico. Dios de la fertilidad, la vegetación y la vida en la mitología egipcia. Está relacionado con el punto cardinal norte.

MITOLOGÍA GRIEGA: EL ORIGEN Y LINAJE DE LOS DIOSES

La tradición popular y poetas como Homero y Hesíodo dieron forma a estos dioses, recogieron las distintas leyendas y crearon su historia y genealogía.

Según el relato del poeta griego Hesíodo, en el principio solo existía el caos, que es el estado primigenio del cosmos infinito. Se cuenta que antes de la nada era el caos; los elementos como el agua, la tierra y el aire estaban revueltos. Poco a poco estos elementos se fueron separando y así se formaron la tierra y los cielos.

La cultura griega, al igual que la mayoría de los pueblos de la Antigüedad, era politeísta; o sea, creía en muchos dioses, a los que les asignaron forma humana (antropomorfismo) y les adjudicaron virtudes y defectos de las personas, diferenciándose del resto de los hombres por serles ajenas la miseria, las enfermedades y la vejez y por su carácter inmortal.

Orígenes y algunos dioses griegos (olímpico)

En la religión de la antigua Grecia, los dioses olímpicos son los principales dioses del panteón, que moraban en la cima del monte Olimpo, el más alto de Grecia. Sus orígenes se remontan a hace 5.000-6.000 años aproximadamente, hacia el año 3500 antes de Cristo. Según la mitología griega, el número e identidad de los dioses que habitaban en el monte Olimpo es impreciso. Es llamado el concilio de los dioses y parece ser que su número era doce, siendo probablemente estos los importantes en supremacía:

ZEUS: En la mitología griega, Zeus es «el padre de los dioses y los hombres». Era el rey de los dioses, el gobernante del Olimpo y el que supervisaba el universo.

HERA: Esposa de Zeus. Ocupaba el cargo de reina de los dioses. Su equivalente en la mitología romana era Juno. Se le sacrificaban la vaca y el pavo real.

POSEIDÓN: Era uno de los principales dioses del panteón clásico. Tomó parte en el reparto de las áreas de influencia de los dioses sobre el universo, gobernando sobre las aguas marinas y subterráneas. Poseidón es, por tanto, el señor de los mares y de los océanos.

AFRODITA: La diosa Afrodita griega es la diosa del amor y la belleza y se identifica en Roma con la antigua divinidad itálica Venus. Según una tradición, es hija de Zeus y Dione; según otra, es hija de Urano.

ARES: En la mitología griega, Ares es el dios de la guerra, la manifestación de la violencia y de la fuerza bruta. Es hijo de Zeus y de su hermana Hera. Atenea era su hermanastra y diferente a él. Los romanos lo identificaron como Marte, dios de la guerra y la agricultura.

HADES: Dios griego de los muertos y del infierno, esposo de Perséfone. Es el mayor hijo varón de Cronos y Rea. El término «Hades» en la teología cristiana significa tumba o pozo de suciedad y alude a la morada de los muertos.

ATENEA: En la mitología griega, Atenea es la diosa de la sabiduría, de las artes y de la artesanía. Representa la inteligencia creadora. Es hija de Zeus. Ocupa un lugar importante en el panteón clásico por ser patrona de la ciudad de Atenas, considerada la ciudad griega más importante desde el punto de vista político y cultural.

ARTEMISA: Para los griegos Artemisa es la diosa de la fertilidad, de los bosques, la caza y la guerra. Hija de Zeus y Leto, hermana gemela de Apolo.

APOLO: En la mitología griega, Apolo es el dios del sol, la profecía y la medicina, dios de la belleza masculina y de las artes, especialmente de la música. Sus atributos son el arco, las flechas, la desnudez y la lira. Apolo es hijo de Zeus y Leto y hermano gemelo de Artemisa.

HERMES: En la mitología griega, Hermes es el dios olímpico mensajero, de las fronteras y los viajeros que las cruzan. Era hijo de Zeus y de la pléyade Maya. Su equivalente en la mitología romana es Mercurio. Heredado de los etruscos, desarrolló muchas características, como ser el patrón del comercio.

HEFESTO: Según la mitología griega, Hefesto es el dios del fuego, la metalurgia, protector de los herreros, artesanos, los escultores y los metales y en su taller se fabricaban armas, escudos y otros objetos para los dioses y para los héroes.

HESTIA: En la mitología griega, Hestia es la diosa de la arquitectura, el hogar y la cocina. Dicho de otra manera, del fuego que da calor y vida a los hogares. También es una diosa pacífica e incluso era la primera a quien se le hacían las ofrendas en los banquetes.

DEMÉTER: En la mitología griega, Deméter era la diosa de los frutos, los granos y los pastos. Deméter fue quien enseñó a los hombres los principios de la agricultura, a preparar la tierra para plantar y a cosechar para que abandonaran la vida nómada.

ORIGEN Y ALGUNOS DIOSES ROMANOS DE LA MITOLOGÍA

En sus orígenes los romanos fueron politeístas, es decir, adoraban a varias deidades. A lo largo de los siglos la mitología romana está llena de grandes dioses y personajes, que tienen referencia de civilizaciones más antiguas. Pese a su poderío en cuanto a divinidades se refiere, carecen de originalidad, ya que adoptaron estos dioses de los griegos, cambiando su historia, nombres y personalidades y otorgándoles atributos para de esta manera convertirlos en propios. A los principales dioses de la mitología romana se les ofrecían rituales y sacrificios para así obtener las virtudes que ellos otorgaban en función de sus poderes.

Algunos de los principales dioses del panteón romano y su referencia con los griegos son los siguientes:

NOMBRE ROMANO	NOMBRE GRIEGO
Júpiter	Zeus
Neptuno	Poseidón
Juno	Hera
Minerva	Atenea
Venus	Afrodita

JÚPITER: El dios Júpiter es el equivalente al dios griego Zeus, que es el más poderoso del Olimpo. Por tanto, Júpiter reina sobre el resto de los dioses, los mortales y el cielo, siendo la deidad máxima de la mitología romana. El poder de Júpiter en los tiempos de la antigua Roma no solo se limitaba a lo netamente religioso, porque disponía de una gran importancia en el plano terrenal y se le consideraba protector del mismo Estado romano y se decía que de él resultaban la autoridad, las leyes y el orden social.

NEPTUNO: El dios Neptuno es el equivalente al dios griego Poseidón. Es el que gobierna todas las aguas y mares, cabalgando sobre las aguas en caballos blancos. Todos los habitantes de las aguas deben obedecerle. Hijo de los dioses Saturno y Ops y hermano de Júpiter y Plutón.

JUNO: La diosa Juno es el equivalente a la diosa Hera en el panteón griego. Ocupa el cargo de reina de los dioses. Esposa de Júpiter (Zeus), es la diosa del matrimonio y protectora de las mujeres casadas, respetada y venerada por todos.

MINERVA: La diosa Minerva es el equivalente a la diosa Atenea griega. En la mitología romana, Minerva es la diosa de la sabiduría, de las artes y de la estrategia militar y es también la protectora de Roma, como también es la patrona de los artesanos.

VENUS: La diosa Venus suele asociarse con la diosa griega Afrodita y la etrusca Turan, es decir, toma aspectos de ambas. Era una divinidad muy antigua. A partir del siglo II a. C., al fusionarse los dioses griegos y romanos, Venus y Afrodita fueron una sola divinidad. Es la diosa del amor.

EL HINDUISMO

El hinduismo nació de una civilización que existió hace cerca de 5.000 años, en torno al 3000 antes de Cristo, en el valle del Indo, en la India. El hinduismo es la religión más antigua del mundo, con raíces que se remontan a antes de la época de la escritura en el subcontinente indio. Sus primitivos pobladores tenían la piel oscura y eran conocidos como los drávidas. Adoraban a la diosa madre y al toro y creían que los dioses vivían en las montañas, las corrientes y otros lugares de la naturaleza. Siendo el hinduismo religión primitiva de la India, alcanzó su apogeo en el periodo védico, entre el 1500 y el 500 a. C. Se cree que los pueblos arios que invadieron la India trajeron en su cultura a los primeros dioses.

HINDUISMO, UN CAMINO ANTIGUO EN EL MUNDO MODERNO

Aun sin un fundador único y con una organización no definida, el hinduismo ha sobrevivido y prosperado pese a la invasión musulmana, la ocupación británica y las expresiones del cambio social que surgen desde dentro. Hacia el año 2000 a. C. la cultura dravídica se había desvanecido casi toda, siendo reemplazada por la de los invasores arios, que era un pueblo de piel clara que llegó a la India desde el sur de Rusia y Asia central, dándose el ocaso de esta civilización. El pueblo drávida fue empujado y emigró hacia el subcontinente indio, que, como consecuencia de esos movimientos migratorios, quedó dividido en un norte ario y un sur dravídico, división que aún se aplica en la India actual. Los arios trajeron el sánscrito, el caballo, el carro de guerra y una religión conocida como brahmanismo o vedismo, que, como muchas otras religiones desde entonces, suponía el sacrificio de animales.

Por lo que se sabe del periodo védico, procede del *Rigveda*, que es una colección de himnos y poesías sánscritas, compuestas entre el 1500 y el 450 a. C. Con el tiempo las religiones de los drávidas y de los arios se fusionaron en la forma más antigua de hinduismo. Los dioses del hinduismo se cuentan por miles, reflejando la infinita complejidad de la vida. Es una religión politeísta; su ser divino es conocido actualmente como Brahma y todas las otras deidades representan aspectos de Brahma. Los hindúes creen que el verdadero yo o la esencia más profunda del alma humana es idéntico al inmortal Brahma. O sea, que así todo el universo infinito está encarnado en una vida humana individual. Los sacerdotes del hinduismo, que son también llamados brahmanes, lograron y conservaron poder, realizando sacrificios y rituales sagrados para honrar y agradar a los dioses. Con el tiempo surgían nuevas enseñanzas y una de las más importantes fue la de la transmigración de las almas, que es la creencia de que todas las cosas deben nacer una y otra vez y que en ese transcurso de evolución era preciso ascender cada vez más a planos espirituales. Después de muchos nacimientos se podía alcanzar la liberación del dolor de la existencia en la Tierra. Se tenía la creencia de que siendo la vida austera se podía llegar más rápido a la liberación. Mucha gente, como brahmanes y otros, dejaba su casa y solía ir al bosque a meditar o vagaba por los caminos, precisamente viviendo una vida más austera.

No existe ningún credo oficial en el hinduismo porque el hinduismo es más bien un conjunto de muchas creencias religiosas, tradiciones y prácticas. Por esto se caracteriza.

EL HINDUISMO EN EL MUNDO MODERNO

Hacia el año 1800 d. C. y el comienzo del periodo moderno, la cultura india ha sido muy influida por el contacto con el mundo occidental. Como colonia británica, la India había sido explotada por sus recursos naturales y esta situación dejó a los indios resentidos y subyugados. La inspiración para la independencia india se obtuvo de los ideales del hinduismo, reaccionando a la opresión colonial de los británicos. Mahatma Gandhi, que era un alto representante del hinduismo, fue uno de los dirigentes de la independencia pacífica. Una vez dijo: «En teoría, como existe un solo Dios puede haber solo una religión, pero en la práctica no he conocido a dos personas que hayan tenido exactamente la idéntica concepción de Dios y en realidad existen tantas religiones como individuos». La doctrina pacífica de Gandhi contribuyó a lograr la independencia india con un mínimo derramamiento de sangre y después ayudó a resolver el difícil problema de los intereses hindúes y de los musulmanes en conflicto. Actualmente hay aproximadamente setecientos millones de hindúes en el mundo y se han propagado a otros países. Mucha gente comienza el día visitando templos para rezar, meditar o hacer ofrendas de incienso, flores, comida o dinero a las deidades. También la gente sale en peregrinación a realizar ofrendas. Entre los lugares más sagrados de la India está el río Ganges. Los hindúes creen que este río brotó de los cielos para limpiar y purificar la Tierra del pecado. En las orillas del Ganges se cree que hay una ciudad santa llamada Benarés, una de las ciudades más antiguas de la Tierra, fundada por colonos arios y que fue un centro de vida religiosa hace más de 3.000 años. A este lugar vienen millones de peregrinos hindúes todos los años a bañarse en las aguas sagradas, hacer sacrificios y rezar. Los hindúes creen que si la muerte les sorprende en Benarés el ciclo de nacimiento, muerte y renacimiento se romperá, permitiendo que el alma alcance la bienaventuranza eterna y aquí uno de los afortunados es llevado a la orilla del río para ser incinerado. Un gurú es un maestro espiritual, o sea, es alguien que ha alcanzado la comprensión completa de los principios y enseñanzas de hinduismo. Un gurú ha dominado el mundo interior del espíritu y, por tanto, como ser realizado, ha alcanzado la cima de la escala progresiva espiritual. También el gurú puede intensificar la práctica espiritual de una persona, acelerando así su viaje kármico, y la persona vivirá al servicio de su gurú. El gurú debe enseñar un mantra secreto a su discípulo para que lo repita mientras medita. Los templos hindúes son lugares de contacto personal con Dios, están dedicados a deidades concretas y cada uno tiene un carácter muy personal.

A orillas del lago Trusca, que es un lugar sagrado, hay 52 templos, cada uno dedicado a una deidad diferente. El baño ritual en esta agua sagrada es uno de los medios de purificar el espíritu y ganar el favor de los dioses. En cuanto a los templos, en ellos siempre se es bienvenido y se encuentra comida y cobijo. Los hindúes creen que toda vida es sagrada, así que generalmente son vegetarianos, absteniéndose de comer carne. La vaca se considera como especialmente sagrada porque es el mayor regalo animal. La enseñan a trabajar arando el suelo y llevando pesadas cargas, proporcionando la facilidad del transporte. También utilizan su leche para diferentes formas de alimentos. Las vacas están protegidas en la India y se encuentran en las granjas, en los templos y en las calles de las ciudades.

El sistema de castas se desarrolló en la época del rey Veda a partir de los cuatros estamentos sociales que existían entonces: sacerdotes, príncipes, comerciantes o mercaderes y siervos. La casta a la que cada uno pertenece está determinada por el nacimiento y la casta de una persona se transmite de generación en generación y se mantiene mediante normas de matrimonio dentro de la propia casta de cada uno. La casta ha mantenido la sociedad India fragmentada durante miles de años. Los que son llamados intocables están totalmente fuera del sistema de castas y llevan a cabo los trabajos como lavar ropa y realizar las cremaciones. Mahatma Gandhi puso un nuevo nombre a los intocables (*hari yang* o «hijos de Dios») y debido al trabajo de Gandhi la intocabilidad está actualmente ilegalizada. Aun así, todavía existe o se da en hasta un veinte por ciento de la población de algunos estados.

ALGUNOS DIOSES DEL HINDUISMO

Hay tres divinidades hindúes (Brahma, Visnú y Siva), que están relacionadas con la creación, conservación y destrucción del mundo. Los hindúes creen que todas las deidades son aspectos distintos de la misma realidad suprema e inmutable: el Brahmán. Los hindúes, a pesar de tener muchos dioses en la variante conocida como el brahmanismo, se pueden considerar como parte del dios supremo Brahma, por lo que el hinduismo es una religión monoteísta.

BRAHMA: El creador.

VISNÚ: El preservador.

SHIVA: El destructor.

KRISHNA: Morador de corazones.

GANESHA: El dios de la inteligencia.

LAKSHMI: La fortuna.

RAMA: El rey dios.

HANUMAN: El rey mono.

FESTIVIDADES Y MÚSICA

Con tantas deidades para honrar, existen vacaciones y festividades frecuentes en la cultura de los hindúes. Entre ellas algunas son serias y otras, alegres. Una de las festividades más alegres y frecuentes es *holi*, que se celebra cada año. Es el festival tradicional del color, que se celebra para dar la bienvenida a la primavera con su fertilidad y abundancia. La gente utiliza polvos de colores y agua y se los arroja entre sí con mucha cordialidad. En otras ceremonias más serias la deidad del templo es llevada en procesión por las calles con gran alborozo.

En la India la música, así como la pintura y el drama, es considerada un arte divino. Brahma, Visnú y Shiva (la trinidad eterna) fueron los primeros músicos. La bailarina divina, Shiva, se representa en las escrituras como la que originó los infinitos modos de ritmo en su baile cósmico de la creación universal, conservación y disolución. Brahma marca el tiempo con el golpear de sus címbalos y Visnú suena la santa o tambor. El sitar es uno de los instrumentos musicales del norte de la India y que es más a menudo asociado con la música sagrada hindú. Los cantos que honran los nombres de dioses también se ejecutan en diferentes momentos del día. La salida del sol es un momento especialmente propicio e importante para rezar y cantar.

LOS INVASORES MUSULMANES

En el año 1000 después de Cristo se dio el primer ataque musulmán a la India. El imperio musulmán se había establecido ya con firmeza en el año 1192. El hinduismo y el islam son tan antagónicos e incompatibles como el fuego y el agua. Para los musulmanes la manera de pensar hindú era una burla de la fe islámica, ya que los hindúes adoraban miles de aspectos diferentes de Dios en formas de ídolos, adoraban a las vacas, seguían el sistema de castas y creían que todo aquel que no nacía hindú estaba excluido de la fe. Para los hindúes los musulmanes devaluaban su pensamiento religioso. En cuanto a los musulmanes, creían en un solo dios, Alá, propagando su fe por cualquier medio necesario, incluyendo la espada. El islam enseñaba la igualdad de todos sin que importara la clase social y el color de la piel, desbaratando así el sistema de castas. Estas diferencias provocaron consecuencias de gran violencia y decenas de miles de hindúes fueron asesinados. También fueron destruidos sus templos y con las mismas piedras se levantaron mezquitas en el mismo lugar. Los conquistadores se llevaron las riquezas del país. Pese a todo esto, el hinduismo sobrevivió y floreció. Con un cierto desarrollo desconocido surgió la religión sij, que nació del conflicto entre las doctrinas del hinduismo y del islam, rechazando algunos principios de ambos y sintetizando otros. El sijismo es una religión india, que fue fundada por Gurú Nanak (1469-1539) y se desarrolló en el estado norteño de Punyab durante los siglos XVI y XVII. El sijismo une el concepto musulmán de un dios único y la práctica hindú de seguir las enseñanzas de un gurú. El templo sij y los cultos religiosos son mucho más parecidos a los del hinduismo y los hindúes han considerado durante mucho tiempo a los sijes como parte de la religión hindú. Los sijes insisten en un reconocimiento aparte y esto ha acabado en violencia, con resultados de varios asesinatos políticos. El hinduismo es un credo complejo y, por consiguiente, mal entendido. Es más un modo de vida que una religión. La creencia del hinduismo en la naturaleza sagrada de toda vida (o sea, en cada parte del mundo natural) es de un valor incalculable y sostén para sus seguidores, precisamente en una época de crisis mundial tanto del espíritu como del medio ambiente y todo lo que nos rodea.

El budismo también se originó de la fe hindú. Buda, que significa «el iluminado», nació príncipe en la India en el año 560 a. C. Su nombre era Siddhartha Gautama. Siendo joven prescindió de la comodidad y el placer y a la edad de veintinueve años renunció a la vida mundana, vagando durante muchos años a la búsqueda de la iluminación espiritual. Fundó el budismo, que enseña que la vía hacia la iluminación no se encuentra ni en los placeres del mundo ni de la carne, sino en la senda más apacible de la compasión. Buda predicó su primer sermón en el parque de los siervos de Sarnac, cerca de Benarés.

El hinduismo, con su gran antigüedad y sabiduría, ha servido de eslabón entre el pasado y el futuro y sus doctrinas ayudan a situar al mundo en una era que se revitaliza y despierta.

EL BUDISMO

(EL CAMINO MEDIO DE LA COMPASIÓN)

El budismo, más que una religión, para sus seguidores es una forma de vida. Al igual que las culturas asociadas al budismo, este toma muchas formas y lo sigue mucha gente.

En el año 563 a. C. nació un príncipe en el norte de la India, en la ciudad de Lumbini, cerca del Himalaya. Esa ciudad está ahora en el país de Nepal. El nombre del príncipe era Siddhartha Gautama. Su madre fue la reina Mayadevi y su padre, el rey Shudhodana. Según la leyenda, y por deseo del rey, padre de Siddhartha, un vidente vaticinó al príncipe Siddhartha Gautama un futuro con una gran encrucijada y que Siddhartha llegaría a ser un gobernante mundial o que al ver las vicisitudes de la vida (como una vejez miserable, un enfermo, la muerte y un monje) se convertiría en un buscador errante de la verdad y en un «buda» o iluminado. Su padre, el rajá, no quería que su hijo fuese un guía espiritual, de modo que el príncipe fue educado en medio de los lujos y honores de palacio y protegido del conocimiento del mundo exterior. Se casó joven con la princesa Yasodhara y tuvo un hijo, llamado Rahula. El príncipe Siddhartha al final salió a las calles a mezclarse con la gente y por primera vez contempló la vejez, la enfermedad, el dolor y la muerte. Con estas experiencias Siddhartha indagó entonces en la naturaleza de la vejez, la enfermedad, el dolor y la muerte. El príncipe acudió a un *sadhu* o santón hindú y quedó profundamente impresionado por su calma y su naturaleza pacífica, llena de paz. Pese a su opulencia y sus lujos, Siddhartha no tenía satisfacción en sí mismo y esto rebasó un límite. Como resultado de este encuentro, a la edad de veintinueve años el príncipe Siddhartha abandonó su hogar y dejó atrás la vida opulenta de palacio, a su esposa y a su hijo. Vagó por los caminos de la India en busca de la verdad sobre la existencia humana.

La religión predominante en la India en esa época era el hinduismo, en la que se adoraba a muchos dioses y se creía que llevar una vida de austeridad extrema era el camino para el alcance de los méritos espirituales. En su andar por los caminos, harapiento y sin dinero, Siddhartha se encontró con más santones hindúes o *sadhu*, cuyas vidas sencillas de oración y meditación le impresionaron profundamente. Se pasó cinco años practicando austeridades extremas, casi sin comer y viviendo a la intemperie. Con el tiempo Siddhartha abandonó la vida austera, se sentó a la sombra de un árbol a meditar y dijo: «Que mi piel se seque, que mis manos se entumezcan y que mis huesos se descompongan. Hasta que no haya logrado la comprensión no me levantaré de aquí». Durante siete semanas se sentó a meditar hasta que por fin su plegaria fue escuchada a la edad de 35 años.

Esta es la historia que se cuenta de los comienzos del viaje espiritual de una persona y es precisamente el viaje que dio origen a la religión budista, el camino medio, un sendero que rechaza por una parte la abnegación y por otra parte la autoindulgencia. Mientras meditaba, Siddhartha llegó a tener una visión. Se cuenta que vio seres desfilando y reencarnándose. A algunos los veía en circunstancias felices y a otros, en circunstancias miserables. Según la ley universal del karma, se cree que cada acto bueno o malo en las personas será recompensado o castigado, ya sea en esta vida o en alguna otra reencarnación.

Un monje budista zen dice que el karma es energía, la ley de la conservación de la energía. La conservación de la energía significa que no se perderá ninguna energía, así que ningún karma se borrará, ningún karma desaparecerá. «Lo que pienso ahora queda grabado eternamente, lo que digo ahora queda registrado para siempre, lo que hago ahora quedará consignado para siempre». Esto determina nuestro mañana, así como el próximo año y la próxima vida.

Siddhartha, al crecer como hindú, aceptó la doctrina de la reencarnación y pudo ver este ciclo de renacimiento como una fuente de sufrimiento humano. Vio que todo es sufrimiento; es decir, el nacimiento es sufrimiento, la muerte es sufrimiento, la vida misma es sufrimiento. Y para llegar al final de este sufrimiento teníamos que alcanzar el nirvana, es decir, escapar del renacimiento. Lógicamente, el nirvana no se podría alcanzar en este mundo, pero llegando al gozo de no preocuparse más por el propio yo y llegando a un estado de bienaventuranza la persona podría escapar al dolor mismo de la vida. Siddhartha Gautama, como Buda el iluminado, comenzó su enseñanza. Su primer sermón lo hizo en el parque de los siervos, cerca de Benarés, en la India, y allí enseñó lo que él había descubierto, que era la noble verdad del camino que conduce al cese del dolor. O sea, el noble camino óctuple, que abarca lo siguiente: visión recta, intención recta, discurso recto, acción recta, ocupación recta, esfuerzo recto, atención recta, concentración recta.

Después, en el transcurso de su vida, Buda viajó de aldea en aldea enseñando este camino óctuple. Muere a la edad de ochenta en casa de un amigo, que le había servido un plato de setas envenenadas sin saberlo. Al final pronunció estas confortantes palabras: dijo que en su vida dos comidas sobresalieron como extraordinarias. Una de ellas fue la comida que comió antes de sentarse bajo el árbol de higuera, tras la cual recibió la iluminación. La otra fue la que consumió en casa de su amigo, tras la cual recibiría el nirvana. Ya mucho después de la muerte de Buda, sus enseñanzas fueron reunidas por sus seguidores en una colección titulada *Tripitaka* (*Tipitaka*), que literalmente significa «las tres cestas» (*tri pitaka*), dado que los textos originales fueron escritos en hojas de palma y eran muy voluminosos, por lo que se necesitaban cestas para llevarlos de unos lugares a otros. Las cestas (*pitakas*) son las tres divisiones de los textos más antiguos del budismo. Las divisiones son *sutta* (*sutra*), *vinaya* y *abhidharma*. Estas divisiones quizás existían en la tradición oral antes de escribirlas.

Después de la muerte de Buda sus discípulos continuaron su obra y justo este fervor religioso ocasionó una efusión creativa de grandes obras de arte. En la actualidad la pintura tanka es una admirable forma de arte budista. Estas pinturas representan acontecimientos en la vida de Buda y también se utilizan como objeto de meditación. Algunas pinturas tankas son realizadas con minuciosos detalles, que se llevan a cabo con un pincel de un solo pelo. Los artistas tankas de Nepal comienzan a pintar a temprana edad con sencillos diseños. Las estatuas de metal con diseño de Buda son también una forma muy popular del arte. Los animales son importantes en la fe budista porque reflejan la creencia de que toda vida es sagrada. Son temas de esculturas y también se encuentran en los templos, donde se les cuida y alimenta. Los montículos sagrados fueron construidos para guardar las reliquias budistas. Muchas de estas estupas se levantaron al tiempo que los misioneros budistas viajaban a enseñar la fe a otros países. Así estos misioneros propagaron la historia de Buda y sus enseñanzas por el mundo. Ahora más de 250 millones de personas siguen este camino en busca de la iluminación, el camino medio.

BUDISMO *THERAVADA*

Los budistas de Tailandia, Sri Lanka, Birmania, Camboya, Laos y Vietnam siguen lo que se denomina budismo *theravada*, el camino de los ancianos, que es una forma ortodoxa de budismo, que afirma preservar la interpretación original de las enseñanzas de Buda tal como las transmitieron los monjes más antiguos de la *sangha*, que es una orden monástica fundada por Buda. Los budistas *theravada* creen que Buda, más que un dios, fue un gran maestro y que siguiendo el ejemplo de Buda pueden lograr su propia salvación. Dentro de los templos y monasterios budistas de toda Tailandia y Birmania casi todos los jóvenes pasan algunos meses de sus vidas en intensa formación como monjes. Los tailandeses tienen la costumbre de que antes de casarse deben entrar en el templo, ya que ellos creen que esta acción puede hacer felices a sus padres y después, cuando mueran, creen que pueden ir al cielo. Son llamados novicios hasta que son ordenados a la edad de veinte años. Estas juventudes aprenden disciplina en sus vidas y en sus estudios. Mientras están en las escuelas estudian los fundamentos del budismo y otras materias como matemáticas e inglés. Normalmente, la escuela está relacionada con un templo. Después de los estudios los jóvenes ingresan en el monasterio para formarse en el estilo de vida budista, que es una vida monástica de tareas, meditación y estudio. Los miembros del monasterio pertenecen a la gran hermandad de monjes, conocida como *sangha*. La *sangha* de monjes y monjas fue establecida originalmente por el Buda Gautama en el siglo V a. C. con el fin de preservar las enseñanzas, reforzar la disciplina y servir como ejemplo a la comunidad laica. La vida monástica se lleva a cabo con actividades disciplinadas como las ceremonias y la oración. En esta ceremonia, mientras los monjes cantan, la gente les trae comida como regalo. Es parte de una gran celebración que señala el aniversario de la luna llena, cuando Buda predicó su primer sermón. Después de la ceremonia los novicios recogen la comida y la distribuyen entre ellos mismos y los monjes. Los budistas consideran tradicionalmente la vida monástica como uno de los ambientes más propicios para avanzar hacia la iluminación.

En Tailandia también los militares participan en actividades religiosas. En las noches de luna llena los soldados vienen con mucha gente para hacer ofrendas de flores e inciensos y para poder escuchar al principal monje del templo. Después la gente enciende velas e inciensos, reza y canta. Los monjes, consagrados a la pobreza y sin pedir nada, reciben su comida, vestidos y más cosas necesarias de la gente, que a su vez gana méritos religiosos mediante estas ofrendas. Según esta idiosincrasia, los alimentos sólidos son prohibidos a los monjes por la tarde y por la noche, ya que Buda advirtió: «Quien se pone gordo nace al sufrimiento una y otra vez». Los monjes comen dos veces, por la mañana y a mediodía, porque esa es una norma de Buda. Pueden tomar agua y café. Para sostener a la comunidad religiosa la gente recibe formación y educación religiosa y ejemplos de recta conducta de los monjes. Siguiendo estos ejemplos, la gente lleva una vida serena, digna y sencilla y así logra la felicidad por medio de la amabilidad y la bondad hacia los demás. Es algo común de los budistas en todas partes.

BUDISMO *MAHAYANA*

Mahayana es otra gran rama del budismo, conocida también como el gran vehículo. Esta es practicada en China, Japón, Corea, Mongolia, el Tíbet y Nepal. Se le llama el gran vehículo porque incorpora una gama mucho más amplia de principios y enseñanzas que el budismo *theravada*. El sendero del budismo *mahayana* enseña que Buda fue un dios y se rinde homenaje a una multitud de deidades semejantes a Buda, que vinieron a la Tierra en forma de hombres. A diferencia de los budistas *theravada*, los *mahayana* creen que pueden ser salvados por su fe en estos dioses. Las estupas son un tipo de arquitectura budista y yaina hecha para contener reliquias. Derivan probablemente de los antiguos túmulos funerarios y se encuentran extendidas por todo el sudeste asiático. En algunos países asiáticos surorientales se las conoce como *chedi* y en otros países se las denomina *dagoba*. La gente viene a rezar en la gran estupa Suananyuvar, en Katmandú (Nepal). En estos centros hay unos rodillos de oración que a veces hacen girar. En estos rodillos hay inscritos cientos de oraciones y haciéndolos girar ellos creen que estas oraciones llegan al cielo. El camino hacia la estupa, como el de la vida misma, es empinado y arduo. Cuando llegan a la cima, los fieles dan vueltas alrededor de la estupa, haciendo girar los rodillos de oración mientras se canta. En Nepal budismo e hinduismo son casi indistinguibles; por ejemplo, los hindúes de Nepal creen que Buda fue una encarnación de Visnú, que es una de las principales deidades del hinduismo. Se ha construido un templo hindú en medio del segundo lugar budista más santo de Nepal y los dos coexisten en perfecta armonía.

Cuentan los budistas *mahayana* que una vez Buda tomó algunas una hojas y dijo a sus discípulos que, al igual que aquellas hojas no eran todas las hojas del bosque, tampoco sus enseñanzas eran toda la verdad. A partir de los principios que narra esta historia, los budistas *mahayana* pudieron permitir una interpretación más amplia de las enseñanzas del budismo que los budistas *theravada*.

En Japón muchos budistas creen que existe una tierra pura en el occidente, donde reinan deidades semejantes a Buda. Amida Buda es el dios jefe de ese paraíso. También en Japón existen muchos templos «tierra pura» que albergan a estas deidades budistas. En días indicados se ejecutan cantos y música en honor a estos seres divinos. También el día del nacimiento de Buda se levantan pequeños templos, que son llamados templos flor, donde los fieles pueden duchar a la imagen de Buda con agua. Hay otra forma de budismo japonés: es el zen, con sus ideales de sencillez, armonía y serenidad. El budismo zen se da en variedad de formas como, por ejemplo, en composiciones florales japonesas, que son una expresión sencilla, pura y de belleza. La vida de los monjes zen es de gran disciplina, dedicación y sencillez. Ellos creen que la iluminación puede darse en un destello de revelación; sin embargo, se desarrolla un gran trabajo y una gran labor espiritual mientras se espera esa deseosa revelación. Los monjes zen viven en templos y monasterios rodeados de hermosos jardines, adecuadamente diseñados para relajación y para serenar la mente y así ayudar a los monjes a lograr una meditación profunda. La mayor parte de su vida la pasan haciendo oración, meditación, dedicados al canto y a oraciones rituales. Hoy en día los escritos y filosofías budistas son tan populares en el mundo occidental que en zonas de Estados Unidos han encontrado un seguimiento entusiasta de sus doctrinas.

Otra tradición budista que ha hallado favores en el mundo occidental es el budismo tántrico del Tíbet. Esta forma de budismo se fue desarrollando después de que las enseñanzas de Buda emigraran de la India a las regiones montañosas del Tíbet. Las enseñanzas de Buda se fusionaron con el culto a la naturaleza de los nativos tibetanos y se formó una poderosa síntesis con los dos sistemas de creencias. Los budistas tántricos, para orientar su vida religiosa, confían en salmos y oraciones y existe una creencia en fórmulas mágicas para atraer la buena fortuna y alejar el mal.

Desde que los comunistas chinos han ocupado el Tíbet muchos de los tibetanos se han visto obligados a huir a Nepal y a la India por su libertad personal y religiosa. En Katmandú ha crecido una comunidad tibetana entera en torno a la estupa Boudhanath. Aquí la gente suele practicar sus rituales religiosos durante todo el día. Los monjes viven, trabajan y se dedican al culto en un monasterio budista tibetano próximo. Como en el hinduismo, el gurú o maestro espiritual desempeña un papel esencial y por eso el lama (literalmente, «el más alto») desempeña un papel primordial e importante en el budismo tibetano.

Qué significa ser budista
(según Rinpoche, gran lama budista tibetano)

«En vez de confiar en cosas externas, cosas materiales de afuera como fuente de felicidad, llegando a estar la fuente de la mente completamente libre de confusión y de dolor, el budismo proporciona la oportunidad de volver al interior y darse cuenta sencillamente de la naturaleza de la mente, que inherentemente, que en ella misma, está libre de dolor, libre de confusión y sufrimiento. La oportunidad de experimentar esa libertad que proporciona el camino budista es lo que significa ser budista».

Como vemos, existen muchos camino diferentes y abiertos por los fieles budistas y cada uno posee características propias. Cada uno es un reflejo de aquellos países en los que se acogió y se desarrolló la fe y todos comparten la fe en Buda, es decir, una creencia en las virtudes que enseñó y esperanza en la bienaventuranza y en la perfecta paz del nirvana.

«Que sean todas bendecidas con la paz siempre, todas las criaturas, débiles y fuertes; todas las criaturas, grandes y pequeñas; criaturas visibles e invisibles, las que habitan cerca o lejos, las nacidas o que esperan su nacimiento. Que sean todas bendecidas con la paz» (Buda).

JUDAÍSMO

El origen de esta religión monoteísta se remonta a dos milenios antes de Cristo en Canaán, parte del actual Israel. El judaísmo hace referencia a la religión, tradición y cultura del pueblo judío. Esta ha sido la primera religión monoteísta y, por lo tanto, la más antigua en este género. Junto con el cristianismo y el islam, son originadas en Medio Oriente y llamadas religiones «del libro» o «abrahámicas». El libro sagrado de los judíos fue escrito por Moisés; se llama la Torá y habla sobre la historia religiosa de los judíos. Está compuesto por los primeros cinco libros de Moisés del Antiguo Testamento, llamado también el Pentateuco (Génesis, Éxodo, Levítico, Números y Deuteronomio). La Torá, llamada a veces la Ley, se transmitió desde Moisés y narra la historia de un pueblo, una tierra, un camino de vida y una relación con Dios. El judaísmo se oficializó en el monte Sinaí y esta es su historia: el judaísmo comenzó con Abraham, que fue el primer patriarca posdiluviano del pueblo de Israel, y continuó con Isaac y Jacob, que tuvo doce hijos. Los hijos de Jacob darían después origen a las doce tribus de Israel que bajaron a Egipto, tierra que abandonaron después de 210 años. Vivieron cuarenta años en el desierto, purificando su cuerpo, mente y espíritu, abandonando así todos los males e impurezas que recibieron de Egipto durante 210 años. En el transcurso de la purificación en el desierto recibieron la Torá en el monte Sinaí. La estudiaban para prepararse y poder entrar en la tierra de Israel.

De las raíces del judaísmo también surgen otras dos grandes religiones, que son el cristianismo y el islam. Jesús fue un judío palestino que asistió al culto de las sinagogas y siguió a un maestro judío radical llamado Juan el Bautista. Jesús animaba a sus oyentes a seguir el modelo ético más elevado del judaísmo y ofrecía misericordia y compasión. La mayor parte del conocimiento de Mahoma de la Biblia y del judaísmo la obtuvo de los sabios judíos que vivieron en su época. El libro del Corán menciona a varios profetas del Antiguo Testamento, entre ellos Noé, Lot, Abraham, Moisés y David. Los tres credos tienen un Dios central común. En Jerusalén estos tres credos comparten y se disputan el mismo suelo. Allí Salomón edificó el primer templo de los judíos, Jesús predicó, fue crucificado y ascendió a los cielos y Mahoma emprendió su viaje nocturno a los cielos, en el que se cree que visitó el trono de Alá.

La Torá es una de las cuatro piedras angulares de la fe judía; es una ley viva, que fue entregada por Dios a Moisés en el monte Sinaí y transmitida de generación en generación. La Torá es ese don de conocimiento no de una serie de normas, sino de la estructura total de la creación. Algo importante que se hace en el lugar de culto judío (las sinagogas) es la lectura de la Torá. Por ejemplo, el primer rollo de pergaminos es paseado por la sala de tal manera que todos puedan verlo, tocarlo y besarlo. Después se abre y es leído.

En la Torá se hallan las otras tres piedras angulares del judaísmo, que son la tierra, el pueblo y el amor a Dios:

LA TIERRA: «Sal de tu patria y de la casa de tu padre y vete a la tierra que yo te mostraré».

EL PUEBLO: «Y haré de ti una nación grande y te bendeciré ».

EL AMOR A DIOS: «Amarás al señor, tu Dios, con todo tu corazón, con toda tu alma y con todas tus fuerzas».

La Torá, la tierra, el pueblo y el amor de Dios han mantenido a los judíos sumidos en el exilio y la cautividad, en la derrota y la dispersión, durante siglos de persecución en muchos países, como también en el Holocausto del siglo XX, en el que millones de personas fueron encarceladas y asesinadas precisamente por ser judías. Durante la Segunda Guerra Mundial cerca de seis millones de judíos fueron torturados y asesinados por los nazis.

Hay un pensamiento que reza así: «El mal logra su propósito por nuestra percepción a través de él o venciendo el desafío y está específicamente ahí como el obstáculo. Podemos quedar atrapados por el obstáculo, pero es solo un obstáculo con el específico intento de que lo venzamos. Por lo tanto, el mal jamás puede vencer al bien y no existe nunca la amenaza de que el mal domine el mundo. El mal será tan perfecto en cuanto a desafío como nosotros seamos capaces de vencerlo y esto vale para la creación en su conjunto y para cada individuo».

Al finalizar la guerra, en 1945, los supervivientes de los campos de concentración, así como otros judíos de todo el mundo, se trasladaron a Palestina y lucharon por establecer el Estado de Israel, de modo que Israel fue declarado Estado y los judíos tuvieron una patria. Según su historia, Dios les dijo: «Es vuestra, no de ellos». Y esta es la postura judía: poseemos esta tierra porque tenemos un mandato de Dios de que esta es la tierra que estamos destinados a heredar y esta es la tierra en la que estamos destinados a cumplir nuestro papel y función de nación judía. En el fondo, un judío solo puede ser judío total y completo en Israel.

Los judíos al llegar a Israel lo que encontraron fue una tierra desértica con una capacidad agrícola muy limitada. Los antiguos colonos habían establecido algunas pocas granjas colectivas, llamadas kibutz, y estas fueron utilizadas como modelos para otras muchas más grandes. Los judíos trabajaron juntos hacia una meta común para hacer al país autosuficiente. Con ingenio y energía humana, los judíos lograron florecer en el desierto. También desarrollaron nuevas técnicas agrícolas y comunidades donde se compartía todo por igual en responsabilidades y recompensas. A día de hoy estas comunidades continúan aportando a Israel gran parte de su producción agrícola y suponen un poderoso lazo con la tierra para sus miembros.

En Jerusalén el Muro de las Lamentaciones es el punto central de la mayor parte de la vida judía. Es lo único que queda del complejo del templo, que se remonta a aquellos días de Salomón y que fue destruido en el 70 después de Cristo, es decir, hace casi 2.000 años.

Los judíos creen que el mesías aparecerá o llegará ahí, a ese lugar, para traer paz y armonía al mundo y que entonces el templo será reconstruido como casa de oración para todos los pueblos de la Tierra. La base de los grandes rituales y fiestas del judaísmo se encuentran en la Torá. Por ejemplo, el *sabbat*, que empieza desde la puesta del sol del día viernes y va hasta la puesta del sol del día sábado. Es la más importante de todas las fiestas. Se dice: «Recuerda el día del *sabbat* para santificarlo».

Para llevar una vida judía básica hay tres mandamientos prácticos y esenciales: pureza familiar, *kashrut* (que significa lo correcto o apropiado para ser consumido, o sea, normas de alimentación) y *sabbat*. Ellos cesan de toda actividad una vez a la semana para recordar sus memorias y honrar a Dios, que es el gran creador del universo. Para ellos la *sina* es, en cierta forma, el aspecto femenino de Dios. De hecho, a la mujer de la casa la llaman la *sabbat* reina y a ella se le da el honor de encender las velas y pronunciar las bendiciones. La luz de esas velas significa la presencia de la *sina*, de la reina *sabbat*, en la casa. En el pasado, según la ley judía, el papel que tenían las mujeres en el judaísmo en gran parte se reducía a cuidar la casa. Esto sigue siendo así en el judaísmo ortodoxo. Pese a todo, ha habido reformas que han establecido garantías para la mujer de desempeñar un papel central e importante también en las sinagogas. En el fondo, y ya en los primeros tiempos, la Torá no tuvo que esperar el desarrollo de la psicología o la psiquiatría moderna para saber que la mujer reaccionaba de una manera distinta a la que podía reaccionar el hombre. Gran parte del judaísmo está siendo transformado por sus mujeres rabinas: cambios de liturgia, cambios de formas de oración para expresar mejor los sentimientos… En el judaísmo existen varias ramas diferentes. Entre los más ortodoxos se encuentran los judíos místicos o jasidistas. Muchos de ellos aún visten como lo hacían sus antecesores de hace siglos y siguen los mandamientos de manera muy estricta. Hay algunos jasidistas que combinan sus tradiciones religiosas con la representación artística en la pintura para expresar su visión mística de la vida. Pueden vestir de negro y, sin embargo, pueden ser amantes de los colores. En la sinagoga ortodoxa los hombres y mujeres se sientan en lugares separados. Los hombres dirigen el culto y las mujeres miran. Por otra parte, la rama reformada manifiesta una reforma que es más moderna en el vestir, en el culto y las costumbres. El judaísmo reformado fue llevado más tarde a Estados Unidos y hoy en día es una rama numerosa, que literalmente dice: «Conserva tu herencia judía de la forma que consideres adecuada». Para esta corriente no es importante que se conduzca el sábado o que se coma o se deje de comer cerdo. Lo que sí es importante es mantenerse unidos como comunidad y hacer que el judaísmo sea en todo relevante para la vida moderna.

En otoño se celebran las fiestas más solemnes del judaísmo. La conmemoración de los días del temor reverencial comienza en el año nuevo judío (Rosh Hashaná), con el toque del *shofar*, que es un instrumento de viento obtenido de los cuernos de ciertos animales; y finaliza el día del perdón (Yom Kipur).

Rosh Hashaná es el año nuevo judío, que es la conmemoración del comienzo del mundo y un tiempo en que los fieles individualmente iniciaron un periodo de diez días de arrepentimiento, renovación y recuerdo. Los días del temor reverencial terminan en el Yom Kipur, que es el día de la expiación, un tiempo para rezar por el propio perdón y por el de los demás. Durante el Yom Kipur en las zonas judías de Israel las calles están completamente desiertas porque todos rezan en las sinagogas.

Hay una afirmación en el Talmud que dice así: «Aunque Dios no hubiese dado la Torá en el Sinaí con sus 613 mandamientos, nos habríamos visto obligados a salir y aprenderlos de la naturaleza».

La siguiente fiesta del calendario judío es Sucot, que empezó como una expresión ceremonial de agradecimiento a Dios por una buena cosecha. En los tiempos bíblicos, Sucot se desarrolló como una celebración de la cosecha de los frutos de verano. Recuerda la forma como los israelitas vivieron durante sus cuarenta años en el desierto, en su viaje de Egipto a la tierra prometida.

Hay cuatro plantas ejemplares, mencionadas en la Torá, que la gente compra. Las familias construyen cabañas todos los años. Sucot también es celebrado en las sinagogas y durante el culto las plantas son agitadas con las manos, siguiendo la orden del Levítico y regocijándose en la presencia del Señor.

Ser judío es una ocupación relevante a tiempo completo, es decir, primero se cumple con las doctrinas religiosas del judaísmo y en lo demás se puede ejercer en una profesión para ganarse la vida. Por ejemplo, ser médico y que acontezca también ser médico ortodoxo, conservador, médico reformado o médico cristiano. El judaísmo es principalmente ser judío y para mantener su vida y la de su familia en este caso trabaja como médico.

El éxodo de la esclavitud de Egipto se celebra también en Pascua o Pésaj, que es un tiempo para recordar que eran esclavos en Egipto y el Señor, Dios eterno, los sacó de allí con mano poderosa.

Januca es la fiesta de las luces o luminarias judía y también es un tiempo para recordar. La festividad acontece el 25 de *kislev* del calendario judío, fecha que se da entre finales de noviembre y finales de diciembre del calendario gregoriano. Januca se observa para celebrar el tiempo en que los macabeos rescataron Jerusalén de los sirios.

Las velas de Januca se encienden para traer a la memoria el reencendido de la luz del templo. Según la leyenda, los macabeos encontraron en el templo aceite sagrado, lo suficiente para mantener la llama ardiente durante un día, pero aquella lámpara mantuvo milagrosamente la luz ardiendo durante ocho días y ocho noches hasta que los sacerdotes pudieron preparar suficiente aceite para mantenerla ardiendo después. Las velas de Januca simbolizan la luz de la libertad religiosa. Es un tiempo gozoso, en el que familias y amigos se reúnen, cantan y palmean.

Cinco siglos de lucha por la libertad religiosa son conmemorados por un periodo de tres semanas de semiduelo y un día de ayuno y duelo por la destrucción del templo y por las tragedias que le han acontecido al pueblo judío a lo largo de su historia.

Se dice lo siguiente: «Dios, por tanto, no es el causante de que la tragedia ocurra. La provocamos nosotros como humanidad, somos nosotros la variable. Si nos equilibráramos a nosotros conscientemente con todas las demás variables de la creación, el mundo estaría en un perfecto equilibrio y no habría sufrimiento».

En muchos aspectos el judaísmo es una religión de recuerdos, pero es una religión que mira hacia adelante también. Tras la conquista romana de Palestina, en el 70 después de Cristo, los judíos se dispersaron por todo el mundo y llevaron sus creencias con ellos y todavía enseñan a sus hijos a amar y respetar la Torá.

El término *Bar Mitzvá* apareció por primera vez en el Talmud para definir a alguien que está sujeto a los mandamientos. En la Mishnah los jóvenes judíos, a la edad de trece años, aceptan los deberes, obligaciones y privilegios de un judío adulto y en su ceremonia del *Bar Mitzvá* el iniciado es reconocido como un hombre del deber o un hijo del mandamiento y es obligado a observar los 613 mandamientos de la Torá. El *Bar Mitzvá* es un acontecimiento familiar gozoso y un tiempo para felicitaciones y entrega de regalos. Es también una ocasión muy solemne porque es el comienzo de la adultez y de la condición de miembro pleno de una fe antigua, que se inició hace más de 5.000 años. Es una fe que empujó a Abraham a la búsqueda de la tierra prometida, patria espiritual ahora para más de catorce millones de personas. Es una fe que toma su estilo de vida de las palabras de Moisés, que honra a sus reyes, profetas y sabios releyendo y reverenciando sus escritos y también mantiene un diálogo permanente que comenzó en el exilio, cuando los hombres de la gran sinagoga comenzaron a interpretar la ley de la Torá y pusieron por escrito sus comentarios en el Talmud. Es una fe que une a gente de muchos países con la fe común en el pueblo y en la tierra de sus antepasados, con las vidas y palabras de sus fundadores y la gran ley del amor.

«Si pudiéramos cambiar a los seres humanos con los que entramos en contacto, cambiaríamos finalmente la sensibilidad y la conciencia del mundo. Y si pudiéramos cambiar la conciencia del mundo eliminaríamos el sufrimiento» (judaísmo).

CRISTIANISMO

El cristianismo surge del judaísmo. Es una religión basada en las enseñanzas de un hombre, Jesús, conocido como Cristo o salvador. Las palabras de Jesús y sus discípulos están reunidas en el libro más publicado y traducido de la historia de la humanidad, la Biblia, que es el libro sagrado del cristianismo. Está conformado por el Antiguo Testamento, que corresponde a la Torá, que es la historia del pueblo judío; y por el Nuevo Testamento, compuesto por veintisiete libros escritos después del nacimiento de Jesús, entre los que se encuentran los evangelios de Mateo, Marcos, Lucas y Juan y también los Hechos de los Apóstoles, que narran la vida de Jesús y el comienzo del cristianismo. Los cristianos consideran la Biblia una fuente de sabiduría y una representación de la fe que tienen en Dios y del amor de su hijo hecho hombre en la Tierra. El cristianismo se encuentra en los cinco continentes y es la religión más extendida del planeta. Más allá de las diferentes corrientes, el cristianismo en su totalidad, con la figura de Cristo como referente central, está presente en la vida cotidiana de sus fieles con una mirada basada en la fe, el amor, el perdón y la humildad.

Hoy existe cierta controversia entre los historiadores y la Iglesia cristiana, e incluso dentro de la propia Iglesia, en lo que se refiere a quién fue Jesús realmente. Pudo haber sido un ser sobrenatural (el hijo de Dios, tal como enseñan la mayoría de las iglesias cristianas) o pudo haber sido sencillamente un hombre santo, un hombre inspirado por Dios como Buda, Mahoma o los antiguos profetas. Algunos historiadores (o algunos cristianos como los unitarios) creen que es verdad que solo fue un hombre como estos otros, pero una cosa es cierta: las enseñanzas de Jesús han ejercido desde su muerte una influencia en el mundo mayor que la de cualquier otro ser humano. Esas enseñanzas se basan en el amor, la compasión, la justicia, la pureza de corazón y el amor a Dios y su búsqueda. Son como el fundamento del cristianismo mismo y constituyen las bases para llevar una vida entregada a la misericordia y a la bondad.

EL CAMINO DE LA BONDAD Y LA MISERICORDIA

Se dice que es un principio básico del cristianismo que la divinidad de Dios está en el mismo hombre; que muchísimos de los aspectos de Jesús, el Cristo, el salvador, están en el hombre también y que los seres humanos son hijos de Dios, herederos de Cristo, hermanos de Jesús, y esto es lo que les da en parte la capacidad de vencer lo maligno y pecaminoso. La mayoría de los cristianos expresa sus creencias en antiguos convenios de la fe cristiana. Uno de ellos es el credo de los apóstoles, que fue elaborado en el siglo III después de Cristo por cristianos primitivos para salvaguardar creencias ortodoxas o verdaderas. Estas creencias afirman que los cristianos creen en un solo Dios, creador y padre de todo, y también creen que Dios se hizo hombre en su hijo, Jesucristo, y que el nacimiento de Jesús y su resurrección entre los muertos son un milagro.

También se cree que con estos milagros Dios mostraba a la humanidad el camino de la salvación. Para los cristianos la Biblia (o sea, las sagradas escrituras) revela la historia del amor de Dios a la humanidad y cómo está simbolizado por la vida de Cristo. La Biblia está dividida en dos grandes partes, que son el Antiguo y el Nuevo Testamento. El Antiguo Testamento es el libro sagrado de los judíos y data de antes de Cristo; el Nuevo Testamento se desarrolló a partir de los relatos de Jesús y los escritos de los apóstoles, que eran sus discípulos. Los cristianos llamados fundamentalistas aseguran que la Biblia es verdad al pie de la letra, que cada palabra fue divinamente inspirada y que no tiene cabida la interpretación; sin embargo, hay otros cristianos más liberales, que creen que gran parte de la Biblia es metafórico-catequética, por lo cual es necesaria la interpretación para determinar el mensaje contenido en muchos versículos.

Hay cuatro libros del Nuevo Testamento que se llaman evangelios. Son relatos especiales sobre Jesucristo y revelan muchas enseñanzas dadas por Jesús a sus seguidores. Se han planteado cuestiones sobre qué enseñanzas de los evangelios fueron realmente pronunciadas por Cristo y cuáles ciertamente proceden de los padres de la Iglesia primitiva, que interpretan las enseñanzas de Jesús.

Thomas Jefferson, gran paladín de la libertad religiosa, planteó la cuestión en sus cartas a John Adams en 1814. Escribió lo siguiente: «En el Nuevo Testamento existe evidencia interna de que partes de él han salido de un hombre extraordinario y que otras son obra de mentes muy inferiores. Deberíamos atenernos solo a los evangelistas, seleccionar incluso de ellos solo las auténticas palabras de Jesús. Hallaríamos que queda el más sublime y benevolente código de moral que jamás se haya ofrecido al hombre».

En 1945 el descubrimiento en Israel de los manuscritos del mar Muerto planteó otra posibilidad: que algunas de las enseñanzas de Jesús tuvieran su origen en los esenios, una celosa secta judía que tenía un asentamiento en el lugar actual de Qumrán, a orillas del mar Muerto, y cuyo origen se remonta aproximadamente 146.000 años atrás. Algunos de los textos de los manuscritos se remontan a antes de Cristo y, sin embargo, contienen enseñanzas atribuidas a él. Los manuscritos del mar Muerto fueron escritos hace veinticuatro siglos. Los esenios vivían en cuevas y trabajaron como escribas, haciendo copias del Antiguo Testamento. La causa de la controversia es la posibilidad de que la Iglesia cristiana primitiva interpretara y añadiera a las palabras y obras de Jesús, para darle impresión de poder sobrenatural, lo que no existió en el hombre histórico. Si Jesús fue simplemente humano, entonces el gran poder que desplegó era sencillamente el resultado de sus extraordinarias cualidades humanas, más que de cualidades sobrenaturales.

La moral de los cristianos

Justamente, la moral de los cristianos se basa en la ley del amor, que fue comunicada por Dios a Moisés y a los israelitas y reafirmada por el propio Jesús, que dijo: «Ama al señor, tu Dios, con todo tu corazón, con toda tu alma y con toda tu mente. Ama al prójimo como a ti mismo».

Esta ley de la compasión es primordial para reconocer a un cristiano sincero. También dijo Jesús: «Tuve hambre y me diste de comer, tuve sed y me diste de beber, fui emigrante y me acogiste, estuve enfermo y me visitaste». Por eso los cristianos realizan actos de servicio al prójimo, porque Jesús dijo: «Cuando lo hiciste con uno de estos, mis hermanos más pequeños, conmigo lo hiciste». Y por eso se dice que esta es la gran dignidad de los seres humanos, que es realmente una manifestación de lo divino. Así, hacer daño a un ser humano es hacerlo al mismo Dios y a sí mismo. Por eso dice Jesús que lo que le haces al otro es «hacérmelo a mí», porque él es la realidad más profunda de su naturaleza divina, de Cristo, de cada ser vivo.

EL BAUTISMO

El bautismo se originó en relación con Juan el Bautista, quien bautizó a Jesús en edad adulta. El bautismo es un acto en el cual un cristiano es sumergido en agua para simbolizar el fin de un modo de vida y el comienzo de algo nuevo. Es decir, es como una purificación del espíritu. Sin embargo, el bautismo ha tenido controversia entre lo cristiano y lo católico. Con respecto a lo cristiano, el bautismo debe hacerse a conciencia y con pleno conocimiento de causa, por lo que se lleva a cabo en edad adulta (Hechos 8, 12). Como ejemplo, el bautismo de Jesús, que se produjo ya en sus años de juventud. Es decir, las personas deben escuchar la palabra de Dios y acatarla, cosa que un bebé no puede hacer. En el catolicismo el bautizo se lleva a cabo siendo la persona un bebé, que es todo lo contrario a lo dicho anteriormente. Los cristianos creen que el bautismo es el signo visible de su ingreso en la comunidad cristiana y también lo es para la comunidad católica

El judío radical Juan el Bautista creía que el reinado directo de Dios era inminente y como preparación sus seguidores se purificaban ritualmente mediante el bautismo de agua. Jesús recibió su vocación de mesías en su bautismo en el río Jordán y así, por medio del bautismo, los cristianos creen que nacen de nuevo o reciben el despertar espiritual por el poder místico de la muerte y resurrección de Cristo. También los cristianos creen que el máximo símbolo místico de la divinidad de Cristo que se les ha otorgado es la cena del Señor, llamada eucaristía o acción de gracias. Al reunirse para participar en la ceremonia de la eucaristía, los cristianos celebran su unión con Cristo. Por todo el mundo, en las asambleas cristianas repiten las palabras de Jesucristo dichas la noche antes de morir a sus apóstoles, que fueron los primeros doce seguidores de sus enseñanzas. En aquella ocasión tomó pan y vino en sus manos y dijo: «Tomad y comed todos de él, porque esto es mi cuerpo, que será entregado por vosotros. Tomad y bebed todos de él, porque este es el cáliz de mi sangre, sangre de la alianza nueva y eterna, que será derramada por vosotros y por todos los hombres para el perdón de los pecados. Haced esto en conmemoración mía».

Según estudiosos del tema, podríamos distinguir dos cosas: una actitud religiosa y una religión para inducir a la actitud religiosa. Lo esencial, desde luego, es la actitud religiosa porque eso es lo que se ajusta a la realidad. Es una forma de ser o de relacionarse con la realidad última del universo, que es el misterio último del que emerge todo. Es esencial para llevar una vida humana real, auténtica y genuina que mantenga alguna relación con este misterio. Esa relación es realmente lo que se pretende en el plano más profundo mediante la oración y la oración es sencillamente relacionarse con la realidad última, ya se considere personal o impersonal.

Jesús pasó su vida en Palestina y viajó desde el mar Muerto, en el sur, al mar de Galilea, en el norte, predicando la palabra de Dios y congregando a fieles o seguidores por el camino. Pasó también tiempo en Jerusalén, la vieja ciudad amurallada, que conserva todavía un halo o sabor bíblico. Muchos de los lugares asociados a la vida de Cristo se hallan cerca de allí, como el monte de los Olivos, el huerto de Getsemaní, cerca de donde se celebró la última cena. También el Muro de las Lamentaciones, que es parte del segundo templo de los judíos y que Jesús visitó. Incluso aprendió allí de los rabinos.

En Jerusalén se hallan las catorce estaciones del viacrucis y se cree que son los lugares de los acontecimientos que precedieron a la muerte y resurrección de Jesús. Están localizados a lo largo de la Vía Dolorosa, en la vieja ciudad amurallada. Existe duda sobre la precisión histórica de la localización exacta de estos acontecimientos; sin embargo, tuvieron lugar en la ciudad antigua y los peregrinos cristianos han seguido este recorrido durante muchos años. La primera estación se encuentra donde se cree que Jesús fue juzgado por los romanos debido a sus enseñanzas religiosas y políticas. En la segunda estación Jesús fue azotado y condenado. En la tercera estación cayó por primera vez mientras llevaba la cruz en la que iba a ser clavado. Las otras cinco estaciones, donde Cristo fue crucificado, están ubicadas en la basílica del Santo Sepulcro. Los acontecimientos de la crucifixión están representados en mosaico en la pared de la iglesia y peregrinos de todo el mundo van allí a visitar el sepulcro.

Tras la muerte de Jesús el cristianismo comenzó a propagarse. La riqueza de las tradiciones del cristianismo se debe en gran parte a las numerosas culturas con las que ha entrado en contacto. Es la religión predominante en Europa y en grandes áreas de América, tanto en el norte como en el centro y el sur. A medida que se extendía, cada cultura que el cristianismo abrazaba aportaba su propia impronta a los rituales originales.

En los Estados Unidos actualmente está representada una gran variedad de tradiciones. Por un lado, se encuentran las tradiciones contemplativas o monásticas, que se remontan al siglo III o IV y son practicadas todavía por un pequeño número de cristianos, siendo estos principalmente católicos. Los monjes y monjas renuncian a las comodidades de la vida mundana para seguir una experiencia personal de la naturaleza de Cristo, que ellos creen que está en cada persona.

Según los monjes, se dice que por diversas circunstancias históricas la tradición viva de la vida contemplativa desapareció de la mayoría de las tradiciones cristianas y que cuando la tradición viva desaparece el único camino para que la gente se comporte bien es amenazar o hacer leyes. Mientras que todo el propósito de una ley es servir de apoyo a la vida, la vida transciende la ley y, desde luego, como dice Pablo, los cristianos no tienen necesidad de ley, ya que sabes lo que tienes que hacer porque te nace de dentro. Según afirman, el objeto de profesar en un monasterio es, por supuesto, el desarrollo espiritual, por conceptualizado que esté, y la integración de las cualidades humanas de cada persona en la potencialidad divina. En el marco cristiano de referencia se le llama a esto transformación en Cristo, queriendo decir que es la lucha contra lo que obstaculiza un crecimiento humano y la apertura a esta potencialidad para llegar a ser divino, ser iluminado o transformarse en Cristo. Todas estas expresiones se refieren al mismo itinerario espiritual.

La forma más extendida del cristianismo es el catolicismo. Miles de millones de personas están bautizadas dentro de la Iglesia católica y sus seguidores creen que es la Iglesia que Jesucristo fundó. El papa es reconocido como guía de la Iglesia católica. El papa y los obispos de la Iglesia católica afirman la sucesión directa, esto es, que el catolicismo es sucesor y heredero directo de los apóstoles por nombramiento desde el principio.

A lo largo de la historia el catolicismo ha mantenido un gran poder religioso y político, primero en Europa y después, a través de su obra misionera, en gran parte del mundo. Durante la Edad Media la Iglesia católica levantó grandes e imponentes catedrales por toda Europa, tales como las de Notre Dame y Chartres, en Francia, dando testimonio del poder de Dios en la Tierra. En el siglo XI se dio una división entre los creyentes cristianos de oriente y los de occidente. Los occidentales se quedaron con la Iglesia católica y la oriental se convirtió en la ortodoxa oriental, que afirma también descender directamente de Jesús y los apóstoles. La ortodoxia basa su vida en las tradiciones vivas que se remontan a Cristo y a los apóstoles, a las enseñanzas de Cristo y a aquella proclamación de la buena nueva del nacimiento, muerte y resurrección de Cristo que se mandó proclamar al mundo entero. O sea, que toda la vida de la Iglesia ortodoxa es, por una parte, una expresión de la acción de gracias por el hecho de que Dios haya enviado a su hijo al mundo para redimir al hombre; es decir, para poder volver a poner al hombre en su sitio dentro de la creación y, por consiguiente, restaurar la propia creación. La ortodoxia es el movimiento hacia el reino de Dios, que Cristo ha establecido aquí y ahora en la historia, en el tiempo y en el espacio y que llegará a su plenitud con la segunda venida de Jesucristo.

ISLAMISMO

Esta religión surgió en el siglo VII de la era cristiana en Arabia, cuando aparece el profeta Mahoma, fundador del islam. Un siglo después el islam se extendía desde el océano Atlántico, en el oeste, hasta Asia Central, en el este. Una quinta parte de la población de la tierra, cerca de mil millones de personas, cree en la visión del dios Alá de acuerdo al profeta Mahoma. Según los conceptos de Occidente, la religión islámica se considera llena de extremos y extremistas, precisamente por los resultados de los frecuentes conflictos que han venido surgiendo en Oriente Medio. Aunque existen muchas paradojas y contradicciones en la práctica del islam y aunque estos extremos puedan representar el lado oscuro de esta fe, afectan solo a un porcentaje muy reducido de musulmanes. En Irán, donde el islam es la religión estatal, los seguidores de otros credos son perseguidos. En la India ha habido numerosos conflictos entre musulmanes, que son monoteístas, e hindúes, que creen en muchos dioses. Cuando la fe del islam auténtico no ha sido corrompida por la tergiversación o por el deseo de poder o de lucro, es una religión basada en el principio de paz e igualdad, de tolerancia y comprensión. Es una religión que proporciona guía espiritual y que practican algunas de las personas más ricas y más pobres de la Tierra. También es una religión que impregna las vidas de los que la siguen: las leyes islámicas rigen la vida personal y familiar, la educación, los negocios y la política. A los occidentales muchas de las costumbres y las leyes islámicas les parecen extrañas, como la ley del mes de ayuno en el ramadán o la obligación de rezar cinco veces al día, lo cual les parece excesivo. Para otros la costumbre del velo de las mujeres, practicada en algunas comunidades, puede ofender el sentido occidental de libertad e igualdad, pero para los musulmanes la obediencia a la ley religiosa da un sentido de unión a una fuerza más poderosa y sagrada que la ley secular de Occidente. En el mundo, hoy en día, las naciones islámicas han logrado mucho poder militar, económico y político. Algunas han desafiado a las mayores potencias de la Tierra y los acontecimientos sucedidos en Oriente Medio han generado un sentimiento de ira e inseguridad en todo el mundo. A todo esto, ¿quién corre con la responsabilidad de estos problemas? La respuesta se da en su origen y en siglos de historia.

El islam es la más reciente de las grandes religiones de la Tierra y ha obtenido seguidores por todo el mundo. Así lo ilustra la construcción de mezquitas por otros lugares como, por ejemplo, en Washington. Los musulmanes creen en un solo dios todopoderoso, que es llamado Alá; creen que Mahoma, el fundador del islam, no fue un salvador o mesías, sino que fue un simple hombre, a través del cual Dios habló y entregó el texto del libro más santo del islam, el Corán.

A veces el islam es llamado mahometismo, pero esto es un insulto a la religión porque los musulmanes no adoran a Mahoma. Los musulmanes incluso creen que Jesús fue un profeta como también lo fue Abraham, el padre del judaísmo. Es decir, ellos no creen en la divinidad de ninguno de estos profetas. La palabra islam significa «sumisión a la voluntad de Dios» y el musulmán es el que se somete a esa voluntad, llevando a Dios en su mente en todo momento. Tal es su devoción extrema que pasa mucho tiempo en contacto con Dios por medio de la oración.

La creencia de que Dios lo sabe todo y es todopoderoso ayuda a los musulmanes a tener un sentido de comunidad, tanto que transciende las barreras raciales y políticas. Esta creencia une a los musulmanes de todo el mundo. También el islam es una fe humanitaria, que se preocupa por la vida de las personas aquí, en la Tierra, y en el más allá. El Corán proporciona un código con el que vivir la vida en la Tierra para poder asegurar un lugar en el cielo: ordena a sus seguidores cuidar de aquellos que son menos afortunados que ellos, tienen prohibido el préstamo del dinero con intereses, también establece reglas que gobiernan la vida familiar y la de los negocios y proporciona una guía al musulmán en cada etapa de su vida.

EL MENSAJERO DE DIOS

Mahoma nació en el año 570 después de Cristo en La Meca, que es una ciudad de Arabia Saudí que hoy es el centro del islam. En esa época La Meca era un próspero centro comercial y religioso de las tribus de lengua árabe. Ya siendo adulto, en Mahoma se generó una aversión al culto de la gente de las tribus a los ídolos, pero al mismo tiempo creció su respeto al culto judío y cristiano por un solo Dios.

Según la tradición islámica, una noche el joven Mahoma, mientras meditaba en el monte Hira, cerca de La Meca, tuvo una visión del arcángel Gabriel, que le ordenó: «Mahoma, di en voz alta. Tú eres el mensajero de Dios». Como resultado de estas instrucciones, que creyó que tenían su origen directamente en Dios, Mahoma, que no sabía escribir, reveló los comienzos del Corán y puso en marcha una religión que cambiaría el curso de la historia. Mahoma a veces, en las calles, recitaba línea por línea el mensaje que Dios le había dirigido, pero a los habitantes de La Meca no les gustaba que censurara sus tradiciones y amenazaron su vida. Entonces huyó a una mejor ciudad, al norte, llamada actualmente Medina, la ciudad del profeta. El concepto de yihad, guerra santa, tuvo su desarrollo en esta época. Inicialmente, Mahoma la entendió como una lucha espiritual interior por comprender la fe. Entonces sus seguidores tomaron la idea más al pie de la letra e insistieron en que debía incluir la lucha para propagar el islam entre los no creyentes. Finalmente, la yihad, que es la auténtica guerra santa, se permitió solo en defensa de la fe y no como guerra de agresión, aunque hoy en día el concepto original es a veces distorsionado para que encaje con los objetivos de determinados jefes.

Durante los diez años que pasó en Medina, Mahoma puso los fundamentos del islam, una religión que actualmente es seguida por una de cada cinco personas del mundo.

En el año 630 después de Cristo Mahoma volvió con 10.000 de sus seguidores a La Meca, que fue tomada con muy poca resistencia. Mahoma murió poco después, en el año 632, y a su muerte las palabras del Corán fueron puestas por escrito por sus discípulos en árabe.

LA HISTORIA PRIMITIVA

Después de la muerte de Mahoma los árabes empezaron a conquistar y convertir a los países de su alrededor. En tres años, del 636 al 639 después de Cristo, Palestina, Siria, Irak, Mesopotamia y Egipto cayeron todos ante los conquistadores musulmanes y desde entonces la fe y su influencia se extendió muy rápido. En menos de cincuenta años la mitad del mundo civilizado conocido, desde España hasta las fronteras de China, estaba en manos de musulmanes.

La ciencia, la arquitectura y el arte florecieron en los siglos IX, X y XI, inspirados en las diferentes formas artísticas de las tierras que habían convertido. Entonces se desarrolló una civilización realmente brillante. La fe siguió extendiéndose por toda Asia y hasta las islas de Indonesia por obra de los sufís ambulantes, que son los místicos del islam. Mientras, los cristianos procedentes de Europa entraron en contacto con el islam durante las cruzadas. Las cruzadas fueron un intento de proteger las rutas cristianas de peregrinación a Tierra Santa. También se dice que algunos reyes europeos vieron la oportunidad de saquear la riqueza de Oriente. Desde su inicio, en 1097, cientos de miles de soldados cristianos marcharon por la gloria de Dios. Los cruzados asesinaban a los musulmanes que salían a su encuentro, pero al final, tras mucho derramamiento de sangre y aflicción, regresaron derrotados a casa. Las iglesias cristianas y los santos lugares jamás habían sido amenazados y su seguridad había sido garantizada por el califa Omar en el año 635 y ese compromiso había sido respetado por los posteriores jefes. Los cruzados poco aportaron a la civilización islámica, ya que la cultura europea estaba más atrasada que la de sus adversarios. Incluso cuando los cruzados regresaron a Europa volvieron con ideas y técnicas del mundo musulmán, que luego ayudaron a generar el renacimiento de la cultura occidental.

La Fe

En el islam existen dos ramas principales. El noventa por ciento de los musulmanes pertenece al grupo conocido como sunitas y el diez por ciento restante son chiitas. Los sunitas u ortodoxos son seguidores de los primeros califas sucesores de Mahoma y los chiitas son los seguidores del yerno de Mahoma, Ali. Sus diferencias son doctrinas y políticas. Aunque estos dos grupos pertenecen ambos al periodo más antiguo de la historia islámica y comparten todas las creencias básicas del islam, difieren respecto a la elección de califa o sucesor de Mahoma como jefe de la comunidad islámica. Los sunitas creen que el honor debería recaer en un miembro elegido de la tribu de Mahoma y los chiitas creen que el puesto es otorgado por Dios solamente a los descendientes de Mahoma a través de su yerno, Alí. Aparte de estos dos grandes grupos, también existe un gran número de subgrupos muy pequeños, entre los que están los sufíes o derviches, que son los místicos del islam, surgidos de la primera generación de los seguidores de Mahoma.

El término musulmán negro se refiere a la organización de la comunidad mundial del islam en Occidente, que es originariamente la nación del islam, dirigida por su profeta, Elijah Muhammad. Los musulmanes negros son una secta del islam en los Estados Unidos, que combina los principios del islam con el nacionalismo negro, es decir, la exigencia de una patria negra. Aunque son relativamente pocos, han centrado la atención en la economía, la educación y aspiraciones políticas de la comunidad negra.

Los cinco pilares del Islam

La vida de todos los musulmanes, ya sean sunitas o chiitas, es regida por cinco grandes principios, denominados los cinco pilares del islam: la profesión de fe (*shahada*), la oración (*salat*), la caridad (*zakat*), el ayuno (*swan*) y el peregrinaje a La Meca (*hajj*).

1. El primer pilar, la profesión de fe, está expresado en un credo que dice: «No hay más Dios que Alá. Mahoma es el mensajero de Alá».
2. El segundo pilar, el de la oración, se realiza en cinco momentos específicos del día. El rezo debe efectuarse en una posición en la que el fiel se encuentre mirando hacia La Meca.

3. El tercer pilar es el de la limosna. Este pilar consiste en el deber de sostener a los pobres de la comunidad, a la formación religiosa y contribuir al mantenimiento de las mezquitas. Se cree que estos actos de generosidad purifican la riqueza personal del musulmán.

4. El cuarto pilar es el ayuno del ramadán. Durante cada uno de los días de este mes, en el que se celebra la primera revelación de Mahoma, los fieles no comen desde la salida del sol hasta el ocaso.

5. El quinto pilar de la fe es el *hajj*. Este pilar es la peregrinación a la ciudad santa de La Meca, a la que solamente los musulmanes pueden entrar. Los musulmanes devotos deben hacer esta peregrinación a La Meca por lo menos una vez en su vida, vivan donde vivan, y allí realizar ciertos rituales ya establecidos, como vestirse los peregrinos de blanco, lo cual es símbolo de igualdad entre todos los musulmanes. Mientras están en La Meca no existen diferencias visibles entre musulmanes de diferentes naciones ni de grupos sociales ni económicos. La Kaaba es una construcción con forma de cubo que se halla en La Meca, un antiguo lugar sagrado que Mahoma tomó de los paganos árabes y que le dedicó a Alá. Es el santuario más santo y el lugar de peregrinación más importante del islam. La Kaaba está cubierta con una alfombra sagrada que se renueva cada año. Los peregrinos dan siete vueltas alrededor de la Kaaba y también besan la piedra negra ubicada en su esquina. Para los musulmanes es un gozo máximo haber realizado el *hajj*, pues se considera que es el deber más sagrado de su vida.

La mezquita

La mezquita es un edificio o construcción hecho para la oración y postración ante Dios, es decir, destinado al culto islámico. Consta de una sala de oración, en la que se halla el mihrab, nicho orientado en dirección a La Meca y al que los fieles deben mirar mientras oran. Es un lugar sin mobiliario; solo tienen esterillas o alfombras para la oración. En el islam no existe clero formal, o sea, nadie se interpone entre el fiel y Dios y cualquier musulmán podría dirigir las oraciones. Sin embargo, normalmente es el jefe de la mezquita quien dirige el culto. Las mezquitas no solo se destinan a la oración, sino que también son utilizadas como centros comunitarios y muchas veces hay escuelas en ellas. El Corán es considerado como la autoridad suprema en derecho, ciencia y humanidades, así como en religión. Por esta razón se usa como texto activo para muchos asuntos. Las mezquitas sirven también para las personas pobres de la comunidad. En Almer india se hace té para las 2.000 personas que las mezquitas alimentan todos los días.

Arte y arquitectura

El islam tiene una rica y gran herencia artística, tanto que se puede aprender de estas tradiciones. El arte islámico nació de una combinación de ideas procedentes de las muchas culturas absorbidas durante siglos de conquista; sin embargo, la influencia de la religión, que es el más importante de todos los elementos del arte islámico, siempre prevalece sobre todo lo demás. La propia lengua árabe es una de las expresiones del arte islámico. Hasta la época del profeta, la lengua árabe apenas se escribía. Después se escribió el Corán, que es la palabra de Dios en esta lengua. Para poder leer el Corán los fieles tienen que saber árabe, así que la lengua se extendió con la misma religión y desde que el árabe es la lengua sagrada del Corán (o sea, la palabra de Dios) su escritura es tratada como un arte visual de la más alta categoría. La caligrafía, que realmente es una bella escritura, es usada en la decoración de los interiores y exteriores de las construcciones, edificios y especialmente en mezquitas. La belleza visual de los versículos del Corán que están escritos en caligrafía hace que la decoración pictórica parezca innecesaria y el uso más primoroso de la caligrafía es reservado para el propio Corán. La pintura decorativa en la mayor parte del mundo islámico generalmente está reservada a la representación de temas seculares (secular significa «siglo» o también «mundano»). Cuando se pintan escenas religiosas, el rostro del profeta nunca es pintado y Alá jamás es representado porque muchos musulmanes creen que la representación pictórica de la figura humana (y también de animales) es un oprobio al reino de Alá. El arte islámico tiende a modelos geométricos y muy finos. Así lo ilustran muchas de sus representaciones de piedra calada y también la decoración de páginas del Corán. Todo esto contrasta con el budismo y el cristianismo, que ya habían desarrollado vigorosas y majestuosas tradiciones de representación en el arte religioso. Existiendo ya una bella riqueza de pinturas por maestros islámicos, los artistas musulmanes también crearon obras refinadas en otros órdenes como vidrio, cerámica, metalistería y tejidos. Todas ellas fueron obras artísticas altamente desarrolladas, pero tal vez la forma más vigorosa de expresión islámica se encuentra en su arquitectura, ya que, desde las grandes mezquitas a los palacios y tumbas de los jefes mogoles de la India, la arquitectura islámica figura entre las más bellas del mundo. Ejemplo de ello es el majestuoso Taj Mahal, que es un monumento funerario, siendo también una obra maestra de albañilería, joyería y caligrafía. Fue construido entre los años 1631 y 1654 en la ciudad india de Agra, a orillas del río Yamuna, por el emperador musulmán Shah Jahan, de la dinastía mogol, para su esposa.

COLONIALISMO

La sociedad islámica durante los siglos XVIII y XIX conoció grandes declives de carácter político y militar. Ya para 1850 los europeos dominaban los tres grandes imperios musulmanes: el otomano de Turquía, el mogol de la India y el persa de Irán.

El Renacimiento, el descubrimiento del Nuevo Mundo y la Revolución Industrial se unieron para dar a Europa la fuerza y someter a su influencia gran parte del mundo islámico. Este dominio colonial provocó en el mundo musulmán una gran crisis, como de dudar de su fe y su posición en el mundo. Los británicos y franceses tomaron el control sobre Egipto y el norte de África, los británicos se establecieron en el sur de Arabia y el golfo Pérsico para proteger la ruta comercial hacia la India, los holandeses controlaron Indonesia y los británicos ocuparon Singapur. Para los que habían sido durante tanto tiempo los grandes jefes de esta gran parte del mundo la situación se hizo intolerable. A finales del siglo XIX había comenzado un renacimiento islámico, pero este no tuvo mucha fuerza hasta el periodo de las guerras mundiales. Después de la Segunda Guerra Mundial los países, uno tras otro, fueron logrando la independencia y hoy el sistema colonial ha desaparecido del mundo islámico. Sin embargo, algunos de los resentimientos de la era colonial todavía persisten.

El futuro del islam

El islam ha ejercido una gran influencia en el mundo desde los primeros días del credo. Como se ha mantenido dando respuesta a las necesidades espirituales de tanta gente y de todas las esferas de la vida, se ha extendido con rapidez por gran parte de la Tierra. Las áreas en que el islam es más vigoroso son también las que están experimentando el más rápido crecimiento de población. Si continúa esta tendencia, entonces el islam está destinado a crecer y a ejercer una influencia aún mayor en el mundo y su gente.

Relatos religiosos

Las religiones son un mismo sistema que ha venido existiendo en el trayecto de la historia de la humanidad. Todas han usado el mismo método de cultura y programa establecido y usan las mismas historias. Es el caso, por ejemplo, de los diferentes dioses de la mitología que han existido a través de la historia. Aparte de ellos, también tenemos el caso de Jesucristo. Entre estos dioses están Horus (dios egipcio), Mithra (diosa griega), Krishna (dios hindú), Dionysus (dios griego) y el propio Jesucristo. Estos cinco dioses empezaron a aparecer en orden cronológico y todos tienen en común que nacieron de una virgen y son celebrados el 25 de diciembre. En muchos lugares de Occidente celebran el nacimiento de Jesús el 24 de diciembre. Igual que Jesucristo, Horus y Mithra tenían doce discípulos; Horus nació de la virgen Isis; todos eran considerados hijos de Dios; Krishna era hijo de un carpintero, igual que Jesucristo; Dionysus, igual que Jesús, convertía el agua en vino; todos hacían milagros, todos murieron y tuvieron una resurrección y todos tienen estas historias documentadas en cada una de sus religiones.

Según mi criterio personal, todos estos relatos son curiosos y difíciles de digerir. Cabe decir que son parte de la cultura de los pueblos ancestrales y que a la vez traen confusión, ocasionando diferentes creencias de credo y agnosticismo, como también la indiferencia al conocimiento y a la sabiduría humana debido a la ausencia de respuesta del principio del todo, referente al vacío infinito de la nada con relación a la creación universal.

De acuerdo a mi juicio de valores espirituales, comparto la misma opinión del teólogo y filósofo Pierre Teilhard de Chardin, sacerdote de la Orden Jesuita, nacido en Orcines (Francia) el 10 de mayo de 1881 y fallecido en Nueva York el 10 de abril de 1955. Teilhard de Chardin fue el teólogo, filósofo y paleontólogo que construyó con su pensamiento una visión integrada de la ciencia y la mística, de la evolución del espíritu y el pensamiento. Dice lo siguiente:

- La religión no es solo una, hay cientos.
- La espiritualidad es una.
- La religión es para los que duermen.
- La espiritualidad es para los que están despiertos.
- La religión es para aquellos que necesitan que alguien les diga qué hacer y quieren ser guiados.
- La espiritualidad es para aquellos que prestan atención a su voz interior.
- La religión tiene un conjunto de reglas dogmáticas.
- La espiritualidad invita a razonar sobre todo, a cuestionar todo.
- La religión amenaza y asusta.
- La espiritualidad da paz interior.
- La religión habla de pecado y de culpa.
- La espiritualidad dice: «Aprende del error».
- La religión reprime todo y en algunos casos es falsa.
- La espiritualidad trasciende todo, te acerca a tu verdad.
- La religión habla de un dios, no es Dios.
- La espiritualidad es todo y, por tanto, está en Dios.
- La religión inventa.
- La espiritualidad encuentra.
- La religión no tolera ninguna pregunta.
- La espiritualidad cuestiona todo.
- La religión es humana, es una organización con reglas de hombres.
- La espiritualidad es divina, sin reglas humanas.

— La religión es causa de divisiones.
— La espiritualidad une.
— La religión te busca para que creas.
— La espiritualidad tienes que buscarla para creer.
— La religión sigue los preceptos de un libro sagrado.
— La espiritualidad busca lo sagrado en todos los libros.
— La religión se alimenta del miedo.
— La espiritualidad se alimenta de la confianza y de la fe.
— La religión vive en el bajo astral.
— La espiritualidad vive en la conciencia.
— La religión se ocupa con el hacer.
— La espiritualidad tiene que ver con el ser.
— La religión alimenta el ego.
— La espiritualidad impulsa a transcender.
— La religión nos hace renunciar al mundo para seguir a un dios.
— La espiritualidad nos hace vivir en Dios sin renunciar a nosotros.
— La religión es un culto.
— La espiritualidad es la meditación.
— La religión nos llena de sueños de gloria en el paraíso.
— La espiritualidad nos hace vivir la gloria y el paraíso aquí y ahora.
— La religión vive en el pasado y en el futuro.
— La espiritualidad vive en el presente.
— La religión crea claustros en nuestra memoria.
— La espiritualidad libera nuestra conciencia.
— La religión nos hace creer en la vida eterna.
— La espiritualidad nos hace conscientes de la vida eterna.

– La religión promete vida después de la muerte.
– La espiritualidad promete encontrar a Dios en nuestro interior durante la vida y la muerte.

«No somos seres humanos que pasan por una experiencia espiritual. Somos seres espirituales que pasamos por una experiencia humana».

~ II ~

MEDIO AMBIENTE
Y CRISIS ACTUAL

Hace ya unos años, en la biblioteca de mi propia casa, llegó a mis manos un viejo libro, también algo deteriorado por el tiempo, pero cuyo contenido era una piedra preciosa de sabiduría para años venideros y de angustia existencial. Esa documentación que yo leí en él es, lamentablemente, lo que acontece hoy día por los aires, los cielos, el agua, la tierra, la flora, la fauna y a la misma humanidad. El tiempo ha pasado sin consecuencias tan catastróficas (por lo menos en lo que yo he podido ver y vivir), aunque siempre es imparable la miserable maldad de toda índole en los diferentes lugares del mundo y en todas las épocas. Recuerdo que una vez, un amigo en común de una gran amiga mía me hablaba del efecto invernadero, de la capa de ozono y demás. Entonces presté atención a este asunto de nuestro medio ambiente y de nuestra ayuda. No sé, esto me alarmó un poquito, empecé a investigar y lo agradecí.

Hace pocos años estaba con mi esposo en un lejano y bello país, Finlandia. En uno de esos días me encontraba mirando y admirando la naturaleza de este país escandinavo, con sus altos árboles y el leve rumor de sus aires y follajes, que me querían hablar y abrazar. Al mirar al cielo empecé a notar unas extrañas

91

formas de nubes, con líneas espesas y de largas trayectorias. Era algo que no había notado antes en ningún cielo de cualquier otro lugar. Esto me sorprendió y me motivó a investigar también casos de nubes. Desde entonces empecé a informarme a solas y una cosa me ha llevado a otras y a ir conociendo las razones de las magnitudes tan grandes de los diferentes desastres mundiales que afectan a nuestra especie, a nuestro mundo, a nuestro hábitat y a nuestra paz común.

CRISIS AMBIENTAL: ORÍGENES Y MANIFESTACIONES

La crisis ambiental o ecológica ocurre o se da cuando el ambiente de una especie o una población sufre ciertos cambios que desestabilizan su proceso de continuidad debido a un cambio abiótico, es decir, que no permite que haya vida. Es decir, a la presión de la depredación y otras causas más. Es la incapacidad de proveer los recursos de la materia prima que se requiere o se necesita para la satisfacción de las necesidades humanas, para la producción de las mercancías y productos que necesitan las personas en su vida económica y familiar. Es algo inherente a la sociedad moderna industrial. Desde mediados del siglo XX se incrementó el uso de la naturaleza, el utilizar sus propiedades para el beneficio y beneplácito no de la sociedad, de la población, sino para satisfacer las necesidades de la economía, de la rentabilidad, el aumento de la ganancia.

Sí viene bien utilizar los recursos básicos que nos ofrece la naturaleza y satisfacer nuestras necesidades humanas. La diferencia está en la producción por la producción, es decir, que la economía se dedica a satisfacer las necesidades de la propia economía, a la producción artificial de necesidades y al uso de los recursos de la naturaleza para satisfacer esas necesidades superfluas, que es un doble utilitarismo para algunos, con un engrandecimiento de ego personal, adquisición de poder y soberbia humana. En este sentido, se habla de una crisis cuando es para la economía misma. Estas situaciones se han dado con mayor fuerza desde los años cincuenta, a partir del *boom* económico que siguió a la Segunda Guerra Mundial. Es entonces cuando la economía toma fuerzas, se reactiva y se constituyen bloques de países, bloques económicos, grandes corporaciones, que actúan del mismo modo para competir unos con otros: se disputan los mercados, los consumidores, se crean cantidades de productos que invaden los mercados. Precisamente, estos productos surgen de la naturaleza, de su sobreexplotación, haciéndose sentir y resentir sobre los años sesenta y setenta. Por todas estas razones surge también un nivel de conciencia. Por ejemplo, los antropólogos y sociólogos, por sus conocimientos del medio, nos hacen ver algunas de las causas que nos impulsan a dar un salto cualitativo en nuestra manera de ver la naturaleza, de percibirla, de vivir con la naturaleza, de entenderla y, fundamentalmente, de tomar conciencia de los graves problemas que estamos generando en ella. Los sociólogos y antropólogos también nos hablan de que debe llevarse a cabo una especie de cambio cultural. Por ejemplo, volviendo a los años cuarenta. Por entonces se daban a conocer en poblaciones o en ciudades de cualquier lugar del mundo fábricas con expulsiones de humo, que se percibían como un ejemplo del progreso y se decía: «Llegó el progreso, llegó la modernidad, llegó la prosperidad, llegó el empleo, el asfalto a las calles». Llegó, como un símbolo de progreso, la civilización.

A partir de los años sesenta ocurre un cambio importante y valorativo en la sociedad debido a muchos factores, que logran hacer emerger este cambio cultural. Entre estos están, por ejemplo, los factores culturales, que tienen que ver con una ruptura generacional. Es el caso de los jóvenes de los años sesenta, que quieren romper con estos patrones culturales, con los valores familiares respecto al amor, al matrimonio, a la familia, y se da una especie de protesta social que culmina con el movimiento del 68, en el que se expresa este nuevo cambio, de libertad y de vivir. Es decir, se trata de un corte generacional. Pero también van surgiendo cambios tecnológicos que influyen en las mentalidades y que, a su vez, nos permiten cambiar nuestra percepción del mundo, de la vida y de la naturaleza que nos rodea. En cuanto a estos cambios tecnológicos, tenemos la conquista del espacio exterior. Esto provoca un fenómeno extraordinario e influyente en nuestra manera de ver y de vivir el mundo.

Poder ver nuestro satélite, la Luna, desde nuestro interior planetario, como también ver el planeta Tierra desde el espacio exterior, es algo espectacular. La belleza, el acto estético, la contemplación, es algo extraordinario y maravilloso en los escritos de los astronautas y también ellos dicen ver la imagen de la Tierra como una nave espacial. A su vez, ver ese desprendimiento provoca una revolución emocional interna, es decir, separarse de una seguridad y tener recursos alimentarios para un tiempo. Entonces emerge la idea colectiva de la fragilidad del planeta y también la idea de la necesidad de protegerlo. Otro hecho tecnológico que influye en el cambio de la mentalidad y en el resurgimiento de una conciencia ambiental es, por ejemplo, el desarrollo de la tecnología médica: los antibióticos, la extensión del periodo de vida de las personas, la tecnología de los anticonceptivos, la posibilidad de la mujer de tener control sobre su destino biológico (es decir, la decisión de embarazarse o no embarazarse, de tener hijos o no tenerlos, precisamente por la tecnología de los anticonceptivos). Todo esto constituyó un aspecto transcendental en la generación de conciencia con respecto a la sexualidad, especialmente en esos años sesenta, que impactan en una revolución de la conducta humana debida a estos factores tecnológicos. En otros tiempos, en los años treinta y cuarenta, la esperanza de vida era más reducida y la mujer vivía casi todo su tiempo embarazada, teniendo y cuidando hijos. Con esta tecnología médica de los antibióticos se extiende esta esperanza de vida hasta llegar a más de setenta y ochenta años en la actualidad y la mujer puede dedicar más tiempo a sí misma como ser humano, a sus necesidades internas y de realización como ser. Todos estos cambios tecnológicos hacen que sucedan estos factores, que tienen que ver con el origen de las manifestaciones relacionadas con el problema y la conciencia ambiental y que este asunto sea algo de lo cual debemos preocuparnos y ocuparnos. Estos son algunos de los aspectos que tienen que ver con el origen del problema y la conciencia ambiental.

CRISIS ENERGÉTICA: PROBLEMA MUNDIAL

Como fuentes de energía, principalmente dependemos del petróleo, el carbón y el gas natural. En total estos combustibles fósiles cubren un ochenta por ciento de nuestra demanda y el petróleo es el número uno. En la actualidad el petróleo es el centro de nuestra economía y en cualquier lugar del mundo se fabrican productos que después se transportan. Es un sistema que funciona y este no sería posible sin el petróleo. En Estados Unidos se consumen más de veinte millones de barriles de petróleo al día, que serían unos 14.000 barriles por minuto. Estas cifras son bien conocidas por el ecologista Charles Hall, que desde hace años viene informando o advirtiendo sobre la adicción al petróleo y dice que vivimos en la era del petróleo. Para producir 1,7 billones de barriles de petróleo, la Tierra ha tardado trescientos millones de años y nosotros habremos tardado unos pocos siglos en agotarlo. Según las investigaciones de expertos, ya hemos consumido la mitad del petróleo que hay a nuestro alcance en el planeta. Cualquier recurso no renovable pasa por un periodo de descubrimiento, después se aprende a aprovecharlo y se dan un incremento, un pico y una bajada cuando se agota. En los Estados Unidos el pico del petróleo fue en 1970 y ahora estamos en la mitad de la curva descendente. Aunque todavía queda petróleo y es importante, ya no es como era antes. Cuando se ha esquilmado el petróleo la solución es ir por más: el hambre de poder del petróleo y el utilitarismo, con un engrandecimiento de ego personal y de soberbia humana, nos han llevado desde hace ya unos años a sitios impensables, a lugares remotos y hostiles como las profundidades marinas o las tierras árticas. En Canadá podemos ver que hay casi 1,7 billones de barriles de petróleo, tanto como para durar cien años. Es la segunda mayor reserva, por detrás de Arabia Saudí. El problema es que allí cuesta más extraerlo, ya que el petróleo no se bombea como un líquido porque es espeso, pegajoso y pesado y, por lo tanto, se necesitan muchas toneladas de tierra para moverlo. Cada dos toneladas de material que transportan los camiones son convertidas en un barril; o sea, que si se llevan cuatrocientas toneladas serían doscientos barriles de petróleo que se aprovechan. Antes de depositarlo en los tanques, el petróleo se tiene que separar de la arena y este proceso requiere calor, mucha agua y mucha energía. Es decir, hace falta energía para producir energía. Hasta hace poco la ventaja del petróleo era que su extracción era poco costosa. Cuando hace un siglo se empezó a extraer petróleo, con un barril de petróleo se podían obtener hasta cien. Hoy en día en Arabia Saudí emplean un barril para obtener veinte y en las arenas bituminosas de Canadá se usa un barril para obtener cinco. El ecologista Charles Hall dice: «Se busca petróleo arriba, abajo y por todas partes, pero llegará el día en que habrá más gastos que beneficios en la búsqueda, en la extracción y en el procesamiento del petróleo y, por lo tanto, se acabará la era del petróleo». Si pudiéramos encontrar el modo de obtener petróleo a bajo costo, su consumo podría llevar a un problema mucho mayor. Por ejemplo, cada vez que encendemos un motor y pisamos el acelerador emitimos dióxido de carbono y cuesta distinguirlo porque es invisible.

Otro ejemplo: imaginad que por cada kilómetro nuestro coche tira medio kilo de basura a la carretera y pensad que los demás coches hicieran lo mismo. Eso es lo que ocurre con el dióxido de carbono. Los coches grandes arrojarían ochocientos gramos por kilómetro; un camión, cuatro kilos por kilómetro; los barcos, una tonelada por kilómetro, y los aviones serían cien kilos. Y a todo eso se le añaden las plantas de carbón, que emiten miles de millones. Toda esa basura se acumula muy rápido y permanece en la atmósfera durante mucho tiempo. Y todo eso, según los científicos, es muy perjudicial para el clima y, lo que es peor, todo este dióxido de carbono acumulado está sobrecalentando el planeta. Si queremos que el clima esté dentro de los límites de seguridad, entonces deberíamos limitar el uso de los combustibles fósiles antes de 2050. De todos modos, hay muchas formas de reducir las emisiones, pero por mucho que se reduzcan las emisiones en grandes países como Estados Unidos también hay un gran consumidor, China, y el ir aumentando en el consumo es el principal factor del desequilibrio energético para las próximas décadas. China es el país más poblado del mundo y está en constante modernización y aumento del consumo. Le sigue Estados Unidos. Son países con poder adquisitivo (y no solo de ganar dinero, sino también de gastarlo). Por ejemplo, se ha duplicado el uso y consumo de los teléfonos móviles y eso requiere consumir más energía. Es totalmente una realidad que cada vez se está transformando más nuestra forma de vivir, lo que nos lleva a un futuro incierto, con un colapso mundial de gigantesca magnitud.

MONSANTO
(BREVE ORIGEN)

Monsanto es una empresa internacional de biotecnología, fundada en 1901 por John Francis Queeny, veterano farmacéutico que fue miembro de los Caballeros de Malta, casado con Olga Méndez Monsanto, creando después, a raíz de este enlace, Monsanto Chemical Works. La empresa está dedicada a la producción y comercialización de organismos modificados genéticamente, es la principal productora de semillas transgénicas en el mundo y sus genes están patentados por ella misma, lo cual hace que los campesinos tengan que pagar a la empresa cada vez que las siembran. En caso de que no le paguen, Monsanto puede demandarlos por utilizar ilegalmente sus productos.

ORGANISMOS MODIFICADOS GENÉTICAMENTE

Los transgénicos llegaron con la promesa de erradicar el hambre en el mundo, basándose en una agricultura de tipo industrial llamada «revolución verde». Sin embargo, los resultados no se pueden ocultar. La revolución verde fue una campaña de gobiernos y empresas para seducir a los agricultores de países en desarrollo y sustituir cultivos autóctonos por variedades de un alto rendimiento, que son dependientes de productos químicos y fertilizantes, cada vez más y más utilizados para acabar con las malas hierbas. En los cultivos transgénicos se utilizan más herbicidas que en los tradicionales y esto ocasiona graves daños a la flora y a la fauna.

El Roundup es un herbicida utilizado para el control de maleza. Actualmente se sigue utilizando como un arma química en Colombia con la justificación de la lucha contra la droga. Ya conocida la toxicidad de los herbicidas, Monsanto contacta con el Pentágono para desarrollar el uso militar de un poderoso herbicida defoliante, el agente naranja. Los investigadores de Monsanto se dan cuenta de las ventajas del poderoso herbicida en tiempos de guerra, ya que permite la erradicación de los cultivos y puede lograr matar de inanición a las poblaciones y ejércitos enemigos. El agente naranja ha sido utilizado por Estados Unidos en la guerra de Vietnam como arma masiva, rociándose sobre los sembrados y cosechas vietnamitas, causando la destrucción del noventa por ciento de la flora, así como enfermedades y malformaciones en los miles de niños que sufrieron esta catástrofe. Los síntomas de algunas de las enfermedades derivadas son náuseas, vómitos, sangrados severos, desórdenes gastrointestinales, vértigos, insuficiencia respiratoria, abortos espontáneos y malformaciones en el nacimiento.

HORMONA LECHERA

La hormona de crecimiento bovino es una hormona natural que secreta la hipófisis de las vacas después del nacimiento de un ternero y estimula la producción de leche, movilizando las reservas corporales de la vaca. La inyección de la hormona permite aumentar los rendimientos de la producción lechera en al menos un quince por ciento. La producción forzada de leche más allá de las capacidades naturales de la vaca produce efectos fisiológicos que hacen peligrar la vida del animal y, por tanto, también la del consumidor.

EFECTOS SECUNDARIOS

Disminución del nivel de fecundidad hasta lograr la esterilidad del ganado, desarrollo del cáncer, aumento de las mamas, inflamación de la ubre, tanto que logra la segregación de pus en la leche. Los agricultores para tratar estas inflamaciones recurren a inyecciones de antibióticos, de los cuales quedan residuos en la leche y, lamentablemente, después son ingeridos por el consumidor.

PCB (POLICLORURO DE BIFENILO)

El PCB Es uno de los doce contaminantes más nocivos fabricados por el ser humano. Actualmente su uso está prohibido casi por todo el mundo. Los PCB son líquidos que se utilizan mucho en todo tipo de aplicaciones, desde equipos hidráulicos hasta agentes desengrasantes para submarinos nucleares. Monsanto es responsable de la liberación masiva por todo el mundo de 1.200.000 toneladas de estas sustancias químicas, que son mortales.

EFECTOS SECUNDARIOS

Resultan daños neurológicos irreversibles, enfermedades cancerígenas, defectos en mamíferos recién nacidos, daños reproductivos en mamíferos marinos, apoplejía, hipertensión, alteraciones en el sistema endocrino, neurológico e inmunológico. Monsanto es el principal productor de cultivos transgénicos, es el principal inductor de la campaña internacional de desinformación sobre la soja, ocultando sus graves efectos sobre la salud. También fabrica edulcorantes adictivos y neurotóxicos como el aspartamo, que es un edulcorante no calórico, y también fabrica medicamentos con los mismos criterios. Monsanto se ha asociado y ha atraído a algunas de las empresas farmacéuticas más lucrativas (por ejemplo, Pharmacia, Searle, America Home

Products) y ha creado fármacos antidepresivos, adelgazantes, antiartríticos o medicamentos hormonales. Ha creado también el anticonceptivo hormonal implantable, ocultando sus efectos secundarios: pérdida de cabellos, aumento de peso, hemorragias, anemia, problemas de ovarios, fuertes dolores de cabeza, acné, pérdida de visión, tumores cerebrales y problemas para evacuar.

Estados Unidos ha propuesto la creación de centrales nucleares con la excusa de la producción civil de energía para cubrir las necesidades de plutonio que tenía la industria militar para desarrollar su creciente arsenal de bombas nucleares. El plutonio es considerado un veneno tóxico de alta peligrosidad, tanto que una cantidad del tamaño de una mandarina podría casi acabar con la población mundial. La OMS (Organización Mundial para la Salud) dio a conocer su peligrosidad al comprobar el efecto cancerígeno que tiene la exposición a largo plazo y el contacto directo con este producto, que está implicado también en varios trastornos del sistema reproductivo. Todo esto ha ocasionado múltiples catástrofes como la contaminación de los aires, de los ríos y océanos, escasez de agua, deforestación, incendios, condiciones climáticas extremas, desastres naturales, epidemias, hambre, pobreza, violencia, agotamiento de recursos y demás. Debido a estas causas turbulentas que han ocasionado la falta de satisfacer las necesidades básicas primarias que requiere todo ser humano, cabe decir también los Derechos Humanos que dignamente todos nosotros merecemos. Una sola empresa, que produce químicos altamente letales para la salud de los seres humanos, está controlando el mercado de la semilla a nivel mundial. Y quien controle las semillas controlará la alimentación del planeta y, por consiguiente, controlará el mundo.

CHEMTRAILS (MILITARIZACIÓN DE LA BIOSFERA)

Los *chemtrails* son las llamadas estelas químicas o quimioestelas, fenómeno que consiste en la dispersión de sustancias en condensación, compuestas por productos químicos, que son dejadas por aviones. Hay hipótesis sobre esta teoría de conspiración que creen que estas estelas puedan tener consecuencias nocivas. No obstante, la existencia de estas estelas químicas ha sido refutada por la comunidad científica.

La palabra *chemtrail* en principio no estaba asociada a una teoría de conspiración, ya que el término surgió en 1990 y era el nombre que le dieron los cadetes de la academia de la fuerza aérea de los Estados Unidos a su manual de química básica en sus ediciones de 1990 y 1991. Se puede decir, por tanto, que *chemtrails* es una palabra inventada por la propia fuerza aérea del Departamento de Defensa de los Estados Unidos.

Antes que nada hay que aclarar que el miedo es la sensación de angustia provocada por la presencia de un peligro real o imaginario. Nuestra civilización está condicionada a reaccionar al miedo a través de los medios masivos de comunicación: noticias en televisión, teléfonos móviles, radio, periódicos, ordenadores, series, películas, etc. Todas esas cosas generan mucho miedo. Lo importante es la intención de informar, la intención de educar, la intención de alertar y concienciar. Nosotros somos seres consumidores: no solo consumimos oxígeno, agua o comida, sino que también consumimos la conciencia del miedo con nosotros o entre nosotros mismos, algo que es negativo y que se instala en nuestro cerebro. Cuando nos alimentamos de miedo y negatividad formamos una realidad y esa realidad se convierte en diferentes problemas sociales como enfermedades, problemas psicológicos, inseguridad, etc.

NANOTECNOLOGÍA

La nanotecnología es la tecnología que se dedica al diseño y manipulación de la materia a nivel de átomos, a escala nanométrica, para la fabricación de productos a microescala. O sea, es la manipulación a escala nanométrica.

La historia de los *chemtrails* comenzó en la Segunda Guerra Mundial, no es un fenómeno nuevo, y en la actualidad se deja notar por las condensaciones y rastros de estelas que permanecen por más tiempo en la atmósfera de diferentes partes del mundo. En la Segunda Guerra Mundial se empieza a experimentar cómo con los aviones se puede modificar el clima en cuanto a alteración y cambios atmosféricos: acelerar un ciclón, manipular un huracán o prevenir una tormenta. Y todo esto para poder controlar el clima y así tener una estrategia de posible ventaja en una guerra, para evolucionar después a otros asuntos primordiales para el hombre como el control de los alimentos.

En general, los meteorólogos de noticias masivas están limitados. Los mensajes son cortos, escasos, repetitivos y algunos manipulados, ya que ha habido desaciertos en algunas noticias televisivas, con pronósticos errados en cuanto a lo que iba a ocurrir. Se ha dado el caso de que existen recetas atmosféricas que tienen una imagen natural en cuanto a la humedad, condensación, presión y todo tipo de factores que causan que haya una tormenta (como, por ejemplo, una tormenta de nieve) y finalmente no sucede. Es decir, están todos los factores para que se dé un evento climático acorde a los pronósticos y, sin embargo, no se producen los resultados que se ajustan a lo que se veía venir.

Las manifestaciones de alteraciones climáticas con estas tecnologías están afectando a las cosechas y a la industria agrícola en todo el mundo y esto ha sido demostrado por informaciones aportadas por agricultores, de sus propias granjas en diferentes partes del mundo. También lo dejan patente las vistas demostrables de cómo ha cambiado el esplendor de la naturaleza y sus desastres por todo el mundo.

La mayoría de las personas en el mundo generalmente no se ocupan de echar una ojeada al cielo por sus ocupaciones. Es más, hoy en día se distraen con los nuevos artefactos que van saliendo al mercado (como los celulares o móviles) y el consumismo aumenta en la distracción y, por ende, en la falta de información importante y necesaria para las masas.

CAMBIO CLIMÁTICO

El cambio climático acontece de manera natural debido a la variación global del clima, sus particularidades, propiedades y formaciones comunes.

¿Cambio climático o modificación climática? (Geoingeniería)

Según el Panel Intergubernamental sobre el Cambio Climático, «la geoingeniería es la manipulación deliberada a gran escala del ambiente planetario». Sus métodos pueden clasificarse en dos grupos generales: manejo de la radiación solar y secuestro de CO_2.

La geoingeniería es la manipulación tecnológica deliberada, a gran escala, de los sistemas de la tierra, los océanos, los suelos o la atmósfera, incluyendo los relacionados con el clima, ignorando los sistemas naturales y sin tener en cuenta los graves daños colaterales que puede generar a la humanidad, la fauna y la flora. Se derriten los polos y, según fotografías, algunos grandes témpanos de hielo se ven cortados con precisión en ángulo recto, como si fuesen hechos estos cortes con láser. Esto acelera el procedimiento de deshielo en los polos.

CHEMTRAILS

Chemtrails es una palabra inglesa que significa estela química (*chem*, químico; *trails*, estela), probablemente para la manipulación climática, la geoingenería y la gestión de la radiación solar (GRS). Estas estelas son aerosoles, es decir, un conjunto de partículas microscópicas, sólidas o líquidas, que se encuentran en suspensión en un gas. Hay estelas que son químicas (*chemtrails*) y están también las estelas de vapor (*contrails* o estelas de condensación). Por ejemplo, las estelas de los aviones de pasajeros son estelas de vapor y suelen desaparecer pronto. En cambio, las estelas químicas de contaminación suelen dejar rastros que perduran en la atmósfera y tener consecuencias nocivas. La geoingeniería, como manipulación tecnológica deliberada, se hace partícipe de la labor de perforar el clima y combatir el supuesto calentamiento global, lo cual trae como consecuencias trastornos medioambientales y agrícolas.

El rociado de aerosoles está cargado de metales como el aluminio (tóxico) y otras sustancias, que propician gran parte de los cambios climáticos que suceden en diferentes partes del mundo, ya sea por un exceso de precipitaciones e inundaciones o por largos periodos de sequía. Se han hecho estudios del agua y se ha demostrado que esta tiene rastros químicos con restos de aluminio, bario y estroncio y se pueden obtener muestras de agua de lluvia o de nieve con un alto contenido de estos metales. En los últimos años se han incrementado los niveles de aluminio en la lluvia. Debido a la geoingeniería, los patrones climáticos están siendo muy alterados, disminuyendo así las precipitaciones y aumentando el deterioro de la capa de ozono. Además, el contenido de metales en el agua de las precipitaciones está devastando las plantas y matando los árboles y todo cuanto hay en la naturaleza. Los metales han provocado que las tierras pasen de ser ácidas y buenas para el cultivo a ser veinte veces más alcalinas y, por tanto, malas tierras para la agricultura. El rociado de estas partículas tóxicas en los últimos años ha incrementado enfermedades como el asma, el autismo, el alzhéimer, el cáncer, etc., y ha aumentado las causas de muerte por complicaciones respiratorias.

HAARP

Haarp es un programa activo para la investigación da las auroras en alta frecuencia. Son unos enormes dispositivos con grandes antenas, distribuidas en extensas superficies, a las que se les atribuyen diversas utilidades, que van desde las comunicaciones a larga distancia, la investigación ionosférica o la posibilidad de modificar el clima o incluso producir huracanes. Hay muchos distribuidos por el planeta, en lugares como Rusia, China, Japón, Inglaterra, Alemania, Australia, Noruega, etc. Hay también uno situado en Alaska. Allí hay una zona de control y antenas gigantes, que necesitan mucha energía para poder funcionar, por lo que se ha instalado una central térmica en sus proximidades que suministra energía a todas las antenas. El Haarp podría modificar el clima. Lo dice la propia patente del Haarp. Nikola Tesla tuvo que ver con estos descubrimientos y se le conoce por sus numerosas investigaciones en el campo del electromagnetismo.

Las potenciales capacidades del principal instrumento utilizado en el complejo del proyecto Haarp han provocado severas acusaciones sobre su verdadero propósito. Aunque hay científicos que aseguran que son dispositivos específicamente de observación, bien se sabe que las antenas que conforman el complejo son capaces de enviar estímulos hacia la ionosfera y así se provocan catástrofes como huracanes, tornados, sequías, terremotos, etc., mediante el cambio de fluctuación y presión atmosférica en puntos específicos del planeta.

CALENTAMIENTO GLOBAL Y EFECTO INVERNADERO

El calentamiento global es el aumento gradual de las temperaturas de la atmósfera y de los océanos de la Tierra y su continuo incremento, que se proyecta a futuro. Es causado por un aumento en la emisión de gases de efecto invernadero como el dióxido de carbono, el monóxido de carbono y los gases de azufre. El efecto invernadero lo producen los gases que se encuentran en la atmósfera y retienen el calor emitido por la Tierra. Es el motivo del calentamiento global y el cambio climático.

EFECTO INVERNADERO Y CAPA DE OZONO

El uso de combustibles fósiles como el carbón, el gas y el petróleo libera a la atmósfera grandes cantidades de gases, entre ellos el dióxido de carbono o CO_2, que las plantas no pueden consumir en la fotosíntesis, aumentando su concentración en el aire de la atmósfera.

CLUB DE ROMA

El Club de Roma es una organización internacional no gubernamental (ONG) fundada en Roma en el año 1968 por el empresario italiano Aurelio Peccei y el científico británico Alexander King y que actualmente tiene su sede en Suiza. Se trata de un pequeño grupo de personas, entre científicos, políticos y banqueros, cuyo objetivo es crear un foro de discusión y análisis de los grandes problemas de la humanidad y de su relación con el entorno. El propósito era reunir a un grupo de estadistas, intelectuales, científicos, diplomáticos y académicos de todo el mundo para discutir la problemática de la humanidad sin criterios políticos, empresariales o religiosos, sino tratando de ubicar la problemática por resolver a un largo plazo. El Club de Roma impulsó la realización de análisis multisectoriales e interdisciplinares, estudio que fue dirigido por el científico Jay Forrester, del Instituto Tecnológico de Massachusetts, y del que se hizo una síntesis en un lenguaje coloquial o asequible, que se denominó *The limits to growth*, los límites del crecimiento. El estudio llevó a cabo un análisis integral de los diferentes aspectos que implica la problemática de la viabilidad de la humanidad sobre la Tierra, desde la demografía y la alimentación hasta temas relativos al medio ambiente, a los recursos naturales y a la energía. Finalmente, sus conclusiones fueron publicadas en 1972, que fue el año en el que tuvo lugar en Estocolmo (Suecia) la primera cumbre mundial sobre medio ambiente y desarrollo. El estudio enfatizó mucho sobre la problemática del crecimiento de la población en relación con el deterioro del ambiente y también en relación con el hecho de que el planeta tiene límites físicos, lo cual quiere decir, en otras palabras, que es posible que llegue el momento en el que no quepamos en el planeta. El Club de Roma ha estado publicando estudios sobre los principales problemas que afronta la humanidad con ese enfoque o criterio multisectorial y con esa visión a largo plazo.

La población humana del planeta hace ya tiempo que rebasó los 7.000 millones de individuos, lo que representa un desafío para la viabilidad de la existencia de sociedades prósperas y sustentables en el medio y largo plazo. Estas son inquietudes en las que trabaja el Club de Roma.

INGENIERÍA SOCIAL

La ingeniería es un proyecto que se ejecuta poniendo los medios para conseguirlo. En cuanto al término «social», quiere decir que ese proyecto se aplica a la sociedad, o sea, que se va a cambiar a lo artificial. Es decir, es como construir máquinas dejando a un lado lo natural, lo humano. Los que promueven la ingeniería social niegan la existencia de lo natural. La ingeniería social es algo aceptado como un instrumento totalmente legítimo que se piensa utilizar para dar un cambio a la sociedad, por el momento a la occidental. Este término empezó a verse en los documentos de las cumbres celebradas y propiciadas por Naciones Unidas alrededor de los años noventa. En estas reuniones se habló de los grandes temas que eran preocupantes para la sociedad occidental en los años noventa, tales como el género, el clima o la pobreza, y para eso se tuvo en cuenta el control de la población. Es decir, para solucionar la pobreza, hacer que se desplome la población. Lo que empezó como un proyecto para limitar la población en los países en vías de desarrollo (o sea, tercermundistas) es algo que también quieren aplicar a países desarrollados o del primer mundo y, a la vez, que se acepten los cambios sociales que se imponen desde esta perspectiva.

Ha habido totalitarismo desde mucho antes, pero este nuevo totalitarismo viene de un aparente aspecto brillante, porque se habla de derechos, de libertad, de democracia, pero en realidad es todo lo contrario, ya que la intención es inmiscuirse en el núcleo familiar, individual, e incluso llegar a su conciencia. Es destruir los derechos humanos, de la familia, de la sociedad. Por tanto, este proyecto no es solo a nivel económico, sino también ideológico y de desamor. Son políticas que justifican los medios para conseguir un fin de deshumanización.

Una de las cumbres internacionales que se celebraron en esta década (en la que todo esto se puso en marcha) fue la de Estambul, en 1996, también llamada Cumbre Hábitat II porque se habló de ecología. El secretario general dijo en el documento que estas cumbres buscaban generar cambios en el estilo de vida, porque de lo que se trataba era de lograr la caducidad de la familia tradicional. O sea, lo que se pretendía era llevar un nuevo proceso de ingeniería social. Esto fue también dicho por el presidente de la Coalición Internacional para la Salud de la Mujer, miembro de la Agencia Internacional Sueca de Cooperación para el Desarrollo. Dentro de toda esta situación de ingeniería social, entre otras cuestiones, se busca reducir la alta tasa de fertilidad y el tamaño de la familia deseada.

EL LENGUAJE

El lenguaje es tan antiguo como la humanidad y es justo y necesario. Se ha manifestado en forma de comunicación no verbal y verbal, siendo la primera el proceso de un envío de mensaje sin palabras, sin poseer estructuras sintácticas y que se da mediante indicios de gestos, signos, imágenes sensoriales, visuales, auditivas, olfativas, sonidos, movimientos corporales, etc. Es el arte de expresarse sin palabras. La comunicación verbal es el lenguaje articulado, los sonidos estructurados que dan lugar a las sílabas, palabras y oraciones con las que nos comunicamos con los demás. La comunicación verbal se caracteriza por usar el lenguaje oral u escrito.

LA MANIPULACIÓN DEL LENGUAJE (PALABRAS TALISMÁN)

La manipulación es el control mental y de comportamiento utilizando técnicas de persuasión con el fin de hacer pensar de una determinada manera y llevar a cabo ciertas conductas (diríamos que nocivas) y verlas de manera natural y normal. Es un modelo social, de ir preparando a la sociedad para que reciba los mensajes que se quieren implantar. Ese modelo social ya está diseñado desde hace un tiempo; es dar uso al buen ejemplo de las palabras, desviando su sentido a otra acción que difiere en el mismo aspecto de su propia naturaleza. Es crear un lenguaje nuevo o darles a las palabras un significado que no han tenido ni tienen. Por ejemplo, ahora no habría que decir aborto, sino cambiar la palabra por interrupción del embarazo. Actualmente se han puesto de manifiesto estos cambios, que poco a poco irán saliendo a la luz. Un catedrático y filósofo habla sobre el secuestro del lenguaje (y otros también) y se dice que hay palabras talismán, que sirven para darle una envoltura atractiva y positiva a cualquier discurso y se utilizan como justificación. Por ejemplo, la palabra «democracia». Es decir, si se le pone ese adjetivo a cualquier proyecto entonces ya tiene una legitimidad. Es el caso de las «democracias populares» surgidas tras el estallido de la Guerra Fría (dictaduras comunistas) en zonas de la Europa central y oriental ocupadas por el Ejército rojo, que no tenían nada de democracia ni de populares. Otra palabra talismán es «libertad», que es algo innato y justo a la naturaleza. Pero el derecho a la vida está por encima de todo, con algunas excepciones como, en el caso del aborto, que exista riesgo para la madre u otro conflicto muy grave y delicado. O sea, se dará la libertad en este caso para que la mujer o los padres tengan el derecho a elegir abortar, aunque sea un embarazo sano; es decir, si quieren o no tener ese hijo que están esperando. Otra palabra talismán es «salud», palabra que viene en los documentos de las Naciones Unidas, donde se apoya el aborto estableciendo un plan de salud mediante el cual la mujer tenga el derecho a elegir abortar sin que sufra algún riesgo o daño en su misma salud. Eso se llama salud reproductiva.

Un catedrático de historia contemporánea dice: «Nadie habla de las secuelas mentales causadas por el aborto», dado que a muchas mujeres les han quedado graves secuelas psicológicas después de muchos años.

Otra palabra talismán es «educación». Esta se implanta sobre todo por el Estado y no por el núcleo familiar. Por ejemplo, la educación sexual puede hasta ser una especie de lavado de cerebro, ya que puede generarse controversia entre la familia y dicha educación, pues estaría en peligro el derecho de los padres a la educación sobre sus hijos. Hay muchas otras palabras talismán. Se han ido aboliendo las clases de humanidades para que la gente no piense y esto supone un cambio de paradigma.

La educación (breve resumen)

Partimos de la base de que nosotros, los seres humanos, estamos conformados y equipados por dos hemisferios cerebrales, el derecho y el izquierdo, y con un gran potencial para desarrollarlos en su máxima expresión y así crecer en nuestros sentimientos, capacidades, habilidades, aptitudes, talento y en todo un proceso de superación que nos conduciría a mejores logros tanto en lo académico como en lo holístico e integral. Es decir, significa considerar a las personas en todas sus dimensiones: en la dimensión física, intelectual, mental, social, emocional y espiritual.

Lamentablemente, en el transcurrir de los tiempos la educación ha sido enfocada hacia el hemisferio izquierdo (o sea, el razonamiento, la lógica) y se ha dejado a un lado el hemisferio derecho, que es lo que tiene que ver con lo integral en todos los aspectos, partiendo de nosotros mismos y todo aquello que nos rodea. Las leyes de educación también hablan de desarrollo humano, valores humanos, igualdad, solidaridad, cooperación, comunidad, libertad, paz, felicidad; sin embargo, la estructura básica del sistema focaliza más las capacidades en algunas áreas, como las que tienen que ver con el conocimiento formal (o sea, la lógica, el raciocinio), y estas son precisamente las escuelas convencionales, dedicadas al proceso educativo de forma sistematizada. El conocimiento y los paradigmas van cambiando progresivamente a través de las épocas y de los avances. El problema es que los sistemas educativos se han mantenido en esa misma línea conservadora de siempre y la educación se estanca en todo aquello que es medible, cuantificable y observable. Es comparar al sujeto con una escala estandarizada, en la cual unos son ganadores y otros son perdedores, sin tener en cuenta que cada sujeto es único, singular e irrepetible sin necesidad de definirse con un número o con una nota que lo califique como malo, regular, bueno o excelente.

Según este concepto, la ideología de género viene del feminismo radical. O sea, que el sexo, según este pensamiento, es algo opcional; es decir, que no viene determinado por lo biológico o natural, sino que cada ser humano puede elegir por sí mismo lo que quiere ser según sus deseos, sentimientos, etc. La ideología de género plantea una libertad plena del individuo aun en contra de su propia naturaleza, lo que de alguna forma va a repercutir en la moral, en la familia, en la moral sexual. Se han dado ya matrimonios del mismo sexo y se crean, a su vez, tipos de familias diferentes. Es el caso del matrimonio homosexual, el cual puede adoptar hijos. La familia tradicional en este caso queda reducida a una opción más de elección del individuo. Todas estas situaciones van haciendo un cambio en la sociedad.

LA CARTA

Con la invención de la escritura surgió el formato carta. La más antigua que se conoce es un papiro escrito en el año 2200 a. C. por el faraón Pepi II. Durante su reinado ya existía una densa red de mensajeros postales que cubría todo Egipto. Ese tipo de mensajes escritos fue usado en Sumeria, en el antiguo Egipto, en China, en Grecia y en la India.

LA «CARTA DE LA TIERRA» Y *CARTA A LA TIERRA*

La «Carta de la Tierra», desde sus inicios, es un documento totalmente positivo, pues defiende que la Tierra es nuestro hogar o casa y por tal razón debemos cuidarla, valorarla y hacer todo lo mejor posible para un bien común, para el progreso y la paz. La Tierra ha brindado las condiciones esenciales para la evolución de la vida. La capacidad de recuperación de la comunidad de vida y el bienestar de la humanidad dependen de la preservación de una biosfera saludable, que contenga todos sus sistemas ecológicos, una rica variedad de plantas, tierras fértiles, aguas puras, aires limpios y animales. El medio ambiente global es una preocupación común para todos los pueblos y la protección de la vitalidad de la Tierra, de su diversidad y belleza, es un deber sagrado.

La «Carta de la Tierra» tiene su origen en la Cruz Verde Internacional y en una especie de Consejo de la Tierra que se llevó a cabo. El exlíder soviético Mijaíl Gorbachov, como presidente de la Cruz Verde, tuvo una importancia muy grande en todo esto y expone en este ensayo, *Carta a la Tierra*, los tres retos a los que se enfrenta la humanidad: la necesidad de mantener la paz, la lucha contra la pobreza y la destrucción galopante de la naturaleza, alertando de los peligros de obviar este enfrentamiento y trabajar por su resolución. La «Carta de la Tierra» es una declaración de principios éticos fundamentales para la construcción de una sociedad global justa, sostenible y pacífica en el siglo XXI.

En el libro se incluye la «Carta de la Tierra» elaborada en la cumbre de Río de 1992. De acuerdo a todo esto, han querido hacer un nuevo paradigma, omitiendo los diez mandamientos bíblicos. Tanto Pekín como Río son fundamentales para esta nueva ingeniería social, porque Pekín trata sobre la ideología de género y en la cumbre de Río es algo complementario, que es la adoración a la Tierra y el paso de la ecología al panteísmo, o sea, a la creación de una nueva religión.

Esta «Carta de la Tierra» se escribió en papiro como si fuese un documento histórico original y también se le construyó un arca, que se llama «de la esperanza», que es como una imitación del arca de la alianza del cristianismo, como si fuese un documento sagrado para iluminar a los asistentes.

PRINCIPIOS DE LA «CARTA DE LA TIERRA»

I. RESPETO Y CUIDADO DE LA COMUNIDAD DE LA VIDA

1. Respetar la Tierra y la vida en toda su diversidad.
2. Cuidar la comunidad de la vida con entendimiento, compasión y amor.
3. Construir sociedades democráticas que sean justas, participativas, sostenibles y pacíficas.
4. Asegurar que los frutos y la belleza de la Tierra se preserven para las generaciones presentes y futuras.

II. INTEGRIDAD ECOLÓGICA

5. Proteger y restaurar la integridad de los sistemas ecológicos de la Tierra, con especial preocupación por la diversidad biológica y los procesos naturales que sustentan la vida.
6. Evitar dañar como el mejor método de protección ambiental y cuando el conocimiento sea limitado, proceder con precaución.

7. Adoptar patrones de producción, consumo y reproducción que salvaguarden las capacidades regenerativas de la Tierra, los derechos humanos y el bienestar comunitario.

8. Impulsar el estudio de la sostenibilidad ecológica y promover el intercambio abierto del conocimiento que se adquiera, así como su extensa aplicación.

III. JUSTICIAL SOCIAL Y ECONÓMICA

9. Erradicar la pobreza como un imperativo ético, social y ambiental.

10. Asegurar que las actividades e instituciones económicas, a todo nivel, promuevan el desarrollo humano de forma equitativa y sostenible.

11. Afirmar la igualdad e imparcialidad de género como prerrequisitos para el desarrollo sostenible y asegurar el acceso universal a la educación, al cuidado de la salud y a la oportunidad económica.

12. Defender el derecho de todos, sin discriminación, a un entorno natural y social que apoye la dignidad humana, la salud física y el bienestar espiritual, con especial atención a los derechos de los pueblos indígenas y las minorías.

IV. DEMOCRACIA, NO VIOLENCIA Y PAZ

13. Fortalecer las instituciones democráticas en todos los niveles y brindar transparencia y rendimiento de cuentas en la gobernabilidad, participación inclusiva en la toma de decisiones y acceso a la justicia.

14. Integrar en la educación formal y en el aprendizaje a lo largo de la vida las habilidades, el conocimiento y los valores necesarios para un modo de vida sostenible.
15. Tratar a todos los seres vivos con respeto y consideración.
16. Promover una cultura de tolerancia, no violencia y paz.

Con respecto a estos importantes planteamientos de la llamada «Carta de la Tierra», lamentablemente los acontecimientos que se viven hoy en día y de manera mundial en cuanto a nuestro medio ambiente y a los cinco elementos de la naturaleza, como también a la fauna, a la flora y al ser humano, ponen de manifiesto que no se ha dado con la justa medida de las leyes que seguir. Tanto es así que parece vamos hacia un colapso de destrucción masiva y catástrofe global en todas sus magnitudes, dimensiones y niveles.

MEGAINCENDIOS

Sorprende ver que por diferentes localidades del mundo se originan fuegos que se van extendiendo por las amplias zonas de vegetación, destruyendo árboles, campos y vida animal, como también la vida humana, incluyendo todas sus pertenencias, viviendas y demás. Estos incendios llegan a ocasionar no solo la destrucción individual, sino también la de todo un sistema de la naturaleza, ya que los árboles combaten el cambio climático. Los árboles absorben el CO_2, eliminando y almacenando el carbono al tiempo que liberan oxígeno al aire.

EL ARTE EN LA HISTORIA

El arte es una condición inherente al ser humano desde sus inicios, comenzando desde la prehistoria. De hecho, los que vivieron entonces dejaron huellas de dibujos y pinturas sobre las paredes de las cavernas, manifestando acontecimientos de su modo de vida.

El arte es la actividad en la que el ser humano recrea, con una finalidad estética, un aspecto de la realidad o un sentimiento en formas bellas, valiéndose de la materia, la imagen, el sonido, la luz, el color, las ideas, los sentimientos y las emociones.

EL SUPUESTO ARTE ACTUAL

Según estudios del arte, el supuesto arte actual es el fraude del arte esnob y no la creación de una obra. Este supuesto arte actual es la forma de reinterpretar un objeto (esto es conocido como *ready-made*), que surgió incluso del dadaísmo. La idea del dadaísmo era una manifestación abiertamente dada como antiarte, pero la crítica misma la tomó después como arte y desde entonces surge la paradoja o antilogía. Ante tal situación del supuesto arte, la obra puede ser cualquier cosa con tal de conseguir fama, dinero y prestigio de manera fácil y rápida, algo que siguen utilizando muchos. Por ejemplo, utilizar objetos y cartones y hacer un *collage*.

~ III ~
INTELIGENCIA ARTIFICIAL

Historia de la inteligencia artificial

Esta historia y las ideas más básicas se remontan a los tiempos de los griegos. Aristóteles fue el primero en definir un conjunto de reglas que describen una parte del funcionamiento de la mente para obtener conclusiones racionales. Ctsebio de Alejandría fue el primero en construir una máquina autocontrolada, que fue un regulador de flujo de agua. Algunos siglos más tarde, en 1936, Alan Turing diseña una máquina universal que demuestra la viabilidad de un dispositivo físico para implementar cualquier cómputo formalmente definido. Siete años después, en 1943, Warren McCulloch y Walter Pitts presentaron un modelo de neuronas artificiales, que se considera el primer trabajo de campo en materia de inteligencia artificial, aun cuando todavía no existía el término. A principio de los años cincuenta comenzaron los primeros avances importantes con el trabajo de Alan Turing. La inteligencia artificial es una de las disciplinas más nuevas, junto con la genética moderna, y ambas son de los campos más interesantes y atractivos para los científicos hoy día. Pese a todos los avances que se han dado, el concepto sigue siendo muy difuso.

El concepto de inteligencia artificial fue dado a conocer en el año 1956 por John McCarthy, que fue un prominente informático y pionero. Recibió el premio Turing en 1971 debido a sus importantes contribuciones en el campo de la inteligencia artificial e incluso fue el responsable de introducir este término, que definió como «la ciencia e ingenio de hacer máquinas inteligentes, en especial programas de cómputos».

Para definir qué es inteligencia artificial es importante hacer esta pregunta: ¿cuál crees que es el objeto más complejo del universo? Es el cerebro humano. Es decir, es la red más compleja y el sistema más poderoso jamás visto, tanto que desde siempre y desde cualquier época de la historia el ser humano ha tenido la habilidad de crear herramientas, construir máquinas e inventar cosas acorde a su medio ambiente, necesidades y comodidades. Por ejemplo, hacer cosas que nos eviten la molestia de realizar alguna actividad necesaria en cuanto al transporte o a la hora de hacer un deporte. En este caso, el invento de la silla de montar a caballo permitió ir más cómodo sobre el animal. Con el paso del tiempo el ser humano construyó la rueda y el automóvil con el fin del que el transporte llegue más lejos y más rápido y se han inventado infinidad de cosas: los molinos, la máquina de moler, la máquina de coser, la de escribir, neveras, lavadoras, prácticos utensilios de cocina como licuadoras u hornos, trenes, barcos, transatlánticos, aviones, computadores, teléfonos celulares (o móviles), etc.

El ser humano había llegado a tanto que se le ocurrió ir elaborando máquinas que piensen por nosotros y ese fue el nacimiento de la inteligencia artificial como concepto. Como el origen de la inteligencia artificial y la robótica van de la mano, es como el intento de crearnos a nosotros mismos, ya que los robots son utilizados para realizar algunas actividades propias de los humanos, como interpretar una melodía con algún instrumento, dibujar, escribir... Incluso algún robot ha podido ser útil para hacer las veces de camarero y demás. Son verdaderas obras de ingeniería y arte.

Existen cuatro tipos de inteligencia artificial:

1. Sistemas que actúan como un ser humano.
2. Sistemas que piensan como un ser humano.
3. Sistemas que piensan racionalmente (que imitan el procesamiento lógico de las personas).
4. Sistemas que actúan racionalmente.

La inteligencia artificial también se divide en dos escuelas:

1. Escuela convencional (consiste en un estudio del comportamiento humano).
2. Escuela computacional (consiste en un aprendizaje interactivo).

En la sociedad moderna podemos ver numerosos ejemplos en los que existe inteligencia artificial, como computadores que controlan viajes espaciales, robots que conducen coches o sistemas periciales que informan de los últimos avances en medicina y economía, entre otros.

Una de las aplicaciones más interesantes en el mundo de la inteligencia artificial es la que se dedica a la investigación científica. Con ayuda de los computadores se pueden dar respuestas a todas las preguntas de todos estos años, pero esta inteligencia artificial no busca comprender cómo funciona nuestro cerebro, sino que solo imita algunas de sus funciones.

TECNOLOGÍA 5G

5G son las siglas de «quinta generación» y es la expresión que utilizamos para indicar la quinta evolución de las comunicaciones móviles. Esto quiere decir que hubo cuatro tecnologías anteriores. El 1G permitió que tuviéramos los teléfonos móviles o celulares por primera vez e hizo posible que pudiéramos realizar llamadas telefónicas fuera de nuestras casas utilizando redes inalámbricas. Después apareció el 2G; entre los avances que incorporaba, el de mayor impacto fue el de los servicios de mensajes de texto, conocidos como SMS, que son las siglas de «servicios de mensajería corta», en inglés. Más adelante aparece la tecnología 3G; por entonces empezaron a aparecer los teléfonos inteligentes y entre los avances que se obtuvieron el de mayor impacto fue el de la navegación en internet a través de los teléfonos móviles con interfaces similares a la de un computador. Actualmente estamos utilizando la tecnología 4G, que nos permite tener altas velocidades de navegación en nuestros teléfonos móviles, permitiéndonos acceder a servicios como vídeos de alta definición, redes sociales y videollamadas a través de internet. Aunque la tecnología 4G nos permitió acceder a muchos servicios importantes, el constante incremento de usuarios y la aparición de nuevos accesorios con conexión a internet están provocando que el canal de comunicación se vaya saturando cada vez más. Más aún, debido a la aparición de nuevos servicios como la realidad virtual, vídeos de ultra alta definición, coches autónomos, fábricas inteligentes, etc., se está creando la necesidad de tener una tecnología que permita tener mayores velocidades.

Nunca la inteligencia artificial superará a la inteligencia humana porque no se puede ir en contra de las leyes naturales.

INTELIGENCIA Y DESARROLLO EVOLUTIVO

Comienzo diciendo que con el transcurrir de los tiempos, de manera lenta, hemos venido evolucionando con descubrimientos debidos a las necesidades de cada época. Quizás el fuego es el descubrimiento más importante de todos los tiempos y se cree que nuestros antepasados aprendieron a tener un alto control del mismo hace 790.000 años, según se desprende de pruebas efectuadas mediante el análisis de restos de fósiles de poblaciones descubiertas a lo largo del río Jordán. El fuego aportó al hombre una fuente de calor, ya que en la prehistoria los hombres se morían tanto de frío como de hambre. También lo utilizaban para ahuyentar a los animales salvajes y depredadores y para iluminar las cuevas donde dormían. Asimismo, ayudaba a eliminar los gérmenes y algo muy importante: el fuego ayudó a estimular el desarrollo del cerebro y la inteligencia del hombre al permitirle calentar la carne, que estuviera más tierna y pudiera comerla con mayor facilidad. Esto tal vez generó una disminución del aparato digestivo y de la mandíbula, dejando un mayor espacio para el desarrollo del cerebro y los nutrientes que recibía. Por lo tanto, ayudó al crecimiento e inteligencia del cerebro en nuestros ancestros y al *Homo sapiens*. Y así, sucesivamente, fueron produciéndose muchos avances y descubrimientos más.

El hombre viene avanzando, evolucionando y descubriendo más, pero no solo en lo de afuera, sino también en lo de adentro, en sí mismo, en el ser. Cuando una persona se detiene a pensar en el camino (en por qué estamos, para qué y si esto es todo) es entonces cuando hay un comienzo, una inquietud y un algo más por lo que no se ve.

LA CONCIENCIA

Partamos con los tres niveles de la mente, comparada con un iceberg, según el planteamiento de Freud:

- CONSCIENTE: Es la punta del iceberg, que se puede ver por encima del agua.
- PRECONSCIENTE: Es la parte de iceberg que se sumerge debajo del agua, pero que aún se ve o se refleja.
- INCONSCIENTE: Es lo más grande del iceberg, que está oculto debajo del agua y que no se ve.

COMPONENTES DE LA PERSONALIDAD, SEGÚN FREUD

- EL ELLO: Es el impulso de placer y de necesidad de satisfacción a los deseos y se nace con él. Por ejemplo, el hambre, la sed, etc.
- EL YO: El yo es el componente de la personalidad que se encarga de tratar con la realidad y se desarrolla a partir del ello. Las funciones del yo son utilizadas en el consciente, el preconsciente y el inconsciente de la mente.
- EL SÚPER YO. El súper yo es el último componente descrito por Freud. El súper yo es el aspecto de la personalidad que contiene todos nuestros estándares morales interiorizados o ideales, que adquirimos de ambos padres y de la sociedad en que vivimos. Es nuestro sentido del

bien y del mal. El súper yo nos proporciona las directrices para hacer juicios de valor y comienza a surgir, más o menos, a la temprana edad de cinco años.

Existen dos partes fundamentales en el súper yo:

1. El ideal del yo: Incluye las reglas y normas para el buen comportamiento, que son aprobadas por figuras relevantes como los padres, abuelos, maestros, etc. Aquí se darían los sentimientos de orgullo, valor y logro.
2. La conciencia: Se trata de comportamientos que a menudo están prohibidos y dan lugar a malas consecuencias, como castigos, remordimientos y sentimientos de culpa, debido a la información acerca de las cosas que son consideradas como negativas de acuerdo al ámbito familiar y social.

El súper yo actúa para perfeccionar y civilizar nuestro comportamiento. Su función es suprimir todos los impulsos inaceptables del ello y se esfuerza por lograr que los actos del yo encajen en las normas sociales. El súper yo está presente en el consciente, el preconsciente y el inconsciente.

EL DESPERTAR DE LA CONCIENCIA

En estos tiempos la física cuántica aporta mucho también para el conocimiento del alma y nos amplía la información de la psiquis del hombre y la evolución de su alma en sus diferentes niveles de conciencia, de acuerdo al comportamiento humano que tengamos. Elevamos nuestra vibración más sutil cuando somos mejores personas y nos alineamos con el universo y así logramos recibir señales, a las cuales debemos estar atentos.

Tenemos dos principios de conciencia. El primero se refiere al conocimiento que el ser humano tiene de su propia existencia, es decir, de sus estados emocionales y de sus actos. Por ejemplo: «Al golpearse perdió la conciencia». El segundo tipo de conciencia se refiere al conocimiento interior sutil y esta es a la que nos referimos para el despertar de la conciencia. Para entender y tener claridad sobre el despertar de la conciencia antes debemos saber que, así como hay diferentes maneras y técnicas de entrenar nuestro cuerpo físico y mantenerlo en forma, también existen diversos métodos y técnicas para entrenar nuestra mente. Además de estas técnicas y procesos, es imprescindible tener la conexión con nuestro propio ser, ese que no se ve, pero está allí y es la base del principio. Durante décadas la humanidad ha venido estando dormida precisamente por esa falta de conexión con nuestro ser interior, que es realmente lo que somos.

Existe una conciencia cósmica, una conciencia madre, e infinitas conciencias individuales en cada uno de los seres que abarcan el universo. También existen muchas dimensiones o planos y distintos niveles o grados evolutivos. Su principal diferencia radica en la vibración.

Para entender o comprender esta situación es importante profundizar en el conocimiento de las leyes espirituales donde es estudiado este principio. Según estas leyes, todo el universo está en movimiento, es decir, todo vibra como en las partículas del reino mineral, de las piedras o cuarzos, y unas personas se repelen por diferencias y otras se acercan por similitud. He aquí estados de vibración.

Todo está regido por un estado de conciencia gobernante en las galaxias y el universo. Las vibraciones y el estado de conciencia están relacionados entre sí. En la medida en que se expanda la conciencia se eleva la vibración. Cuando un estado de conciencia es más elevado, la energía se mueve más rápido y es más sutil y cuando un estado de conciencia es más bajo, entonces la energía es más densa y más lenta. En los estados de conciencia más elevados vemos una perspectiva de un todo y la interconexión de sus partes y en los estados de conciencia más bajos estamos en la ignorancia de la separación.

CIENCIA Y CULTURA GNÓSTICA (ESTUDIOS GNÓSTICOS)

La etimología de la palabra «gnosis» es de origen griego, ya que el inicio de esta palabra lleva las letras «gn». La palabra gnosis significa conocimiento y sabiduría universal dentro del cosmos infinito. Esta palabra la encontramos en la terminología científica, en términos como «diagnóstico», o sea, conocimiento claro, profundo y exhaustivo de algo que se estudia o investiga. Los antiguos nos dejaron la sabiduría de signos, es decir, en clave, en símbolos. Quien poseía la clave (o sea, la gnosis) alcanzaba el conocimiento oculto de esos jeroglíficos y esto ha venido desarrollándose a través de distintas culturas, etnias y sociedades en distintas épocas de la humanidad. Los mismos principios relacionados con el conocimiento y la sabiduría universal. La gnosis, como principio eterno, no tiene un inicio ni tendrá un fin, ya que forma parte de la propia conciencia humana y la gnosis, como la propia conciencia, tiene que ver mucho con el conocimiento y la experimentación. La gnosis al ser practicada lleva al ser humano al desarrollo de todas sus facultades físicas, mentales y de conciencia y puede llevar al hombre a una verdadera transformación integral.

La gnosis es la raíz del cristianismo, la llama viviente del budismo, el fondo del corazón, la ciencia secreta de los sufís y derviches danzantes, la doctrina secreta del budismo y del taoísmo, la magia sagrada de los nórdicos. La sabiduría de Hermes, Buda, Confucio, Mahoma, etc., está en la gnosis. La doctrina del Cristo es la gnosis. En la gnosis se encuentra toda la sabiduría antigua. La religión cósmica vibra en cada átomo del cosmos porque palpita en el corazón.

GNOSIS COMO INSTITUCIÓN

La gnosis como institución nace en el año 1950 en Colombia por las enseñanzas dadas por el presidente fundador del movimiento gnóstico internacional, maestro de sabiduría y filósofo contemporáneo Samael Aun Weor. Es el continuador de la labor emprendida por las inteligencias iluminadas del conocimiento superior y de aquellos que desde tiempos inmemoriales cristalizaron en sí mismos la divina gnosis o sabiduría eterna y que han trabajado por el despertar de la conciencia en el ser humano. El maestro Samael Aun Weor estuvo durante veintisiete años de su vida al servicio de esta labor, ofreciendo el conocimiento gnóstico. Escribió más de sesenta libros y pronunció innumerables conferencias. Falleció el 24 de diciembre de 1977.

De los años noventa en adelante, el maestro Languis ha continuado transmitiendo, desarrollando y orientando esta gran labor de difusión y de organización de las instituciones gnósticas, de gran transcendencia para la humanidad. Es una institución que cuenta con cientos de centros de estudios gnósticos en diferentes países del mundo, principalmente en Sudamérica, Centroamérica, Estados Unidos, Canadá y algunas representaciones en los principales países de Europa.

LA GNOSIS COMO ESCUELA DE REGENERACIÓN

La gnosis como escuela es una forma de regeneración humana. Regeneración es una palabra compuesta: «re» significa volver y «generación» viene de generar o crear. O sea, la definición completa de esta palabra es volver a generar, volver a crear un nuevo ser dentro de esta constitución humana, regenerar o volver a crear ese aspecto físico, ya que este cuerpo físico es vulnerable a enfermedades que van deteriorando su vitalidad. Necesitamos pasar por una regeneración física, emocional y psicológica debido a que los sistemas manejan poder sobre los demás, especialmente cuando no hay poder de decisión y autonomía propia. Es una verdadera escuela científica de iniciación en la vida y regeneración, percibe la transformación del ser humano para convertirnos en verdaderos hombres. Este término, «hombre», está más allá de lo femenino o lo masculino, de ser hombre o mujer, hablando fisiológicamente. El hombre es estudiado en la gnosis como un ser de tipo transcendental, como una posibilidad a la cual podemos llegar como seres humanos, cambiando nuestros principios básicos y costumbres, cambiando nuestra manera de pensar, de sentir y de actuar para poder desarrollarnos plenamente.

ORIGEN DE LA GNOSIS (PRINCIPIO ETERNO)

El origen de la gnosis como esencia es tan antiguo como la misma creación del universo, como la misma creación del hombre, ya que realmente la gnosis viene a ser un funcionalismo muy natural de la propia conciencia humana. La gnosis está dentro de nosotros y busca conocerse a sí misma, de modo que el hombre verdaderamente llegue a conocerse de forma integral por sí mismo.

Como conocimiento gnóstico, ha estado presente en importantes culturas de la humanidad, entre ellas la china, que es una de las culturas primarias. En ella destacaron grandes hombres como, por ejemplo, Confucio, quien hace más de 2.000 años dio preceptos filosóficos, políticos, culturales y de tipo espiritual que aún prevalecen en la China actual. También tenemos al Buda Gautama, quien se mantuvo entre China y la India, en el Tíbet, y que en la actualidad es venerado porque la sabiduría que dio a conocer con respecto al dominio de la mente es una enseñanza de tipo transcendental. La cultura hindú tuvo también grandes escuelas que a través de los tiempos han conformado al hinduismo, con grandes exponentes, entre ellos Krishna, que fue un gran iluminado que dejó enseñanzas filosóficas transcendentales, que se pueden ver en el libro *Bhagavadgita*. También se ha dado en la cultura egipcia; viene a ser la representación de tres fuerzas primarias como en el cristianismo: Padre, Hijo y Espíritu Santo. También existieron grandes faraones del antiguo Egipto con símbolos como el de la serpiente, referente a los misterios transcendentales de la sexualidad a través de una fuerza llamada *kundalini*. La gnosis se ha desarrollado también en la cultura griega; de hecho, el término «gnosis», como antes he mencionado, viene de Grecia y precisamente fue allí donde la gnosis como filosofía, como cultura, como ciencia, alcanzó un gran esplendor. Por ejemplo, a través de la sabiduría de Sócrates o de Platón, que siguen vigentes en nuestros días con sus conocimientos.

Tenemos en Norteamérica a los indios hopi y en Centroamérica, en México, la cultura maya, que fue grande en civilización, en mística y en ciencia. Los grandes maestros de sabiduría nos enseñan que la cultura maya viene de la raza atlante, cuyo continente se desenvolvió en las aguas que actualmente llevan su nombre: el océano Atlántico. Los mayas también nos aportaron un gran conocimiento a través de un calendario sobre las distintas etapas que han tenido que pasar las diferentes razas de nuestro planeta, en el que incluso se habla sobre lo acontecerá con los hijos del quinto sol, la quinta raza, que es la humanidad que actualmente puebla el planeta. También la cultura inca viene de los mayas. Hay una similitud en la fisionomía de los mayas, de los peruanos, de los mexicanos, de los tibetanos, de los coreanos, de los indígenas australianos, tan distantes unos de otros que esta similitud indica que han tenido una raíz muy similar.

Según estudios, los descendientes de la cultura inca abarcaban desde el norte de Argentina hasta el sur de Colombia, ya que el Imperio inca también fue una gran civilización y plasmaron en su arquitectura, en sus templos y en su arqueología grandes enseñanzas.

LA DOCTRINA DEL OJO Y LA DOCTRINA DEL CORAZÓN

La doctrina del ojo es la doctrina que todo lo juzga por sus apariencias y formas y que tiene que ver con el intelecto. El uso de la razón y el intelecto es necesario para desarrollar nuestras facultades de cognición: lectura, escritura, diferenciación, sumar, restar, etc. Pero para poder entender nuestro espíritu no lo hacemos con los ojos o con la mente, sino con facultades superiores a la mente o al intelecto para poder conocer lo real. La doctrina del corazón es aquella que estudia los fenómenos gracias a las facultades superiores de la conciencia y nos permite experimentar lo real a través de sistemas y métodos que ponen en actividad las facultades latentes, que están dormidas pero con posibilidad de desarrollo, con una verdadera certeza solar y no solamente una creencia.

LOS CUATRO PILARES DEL SABER HUMANO

Hay cuatros pilares que forman parte del conocimiento universal. La gnosis es un conocimiento universal, que fue estudiado en las antiguas universidades. De ahí esta palabra, «universidad»; de universal, de este conocimiento transcendental e integral en la antigüedad. La gnosis vino a ser estudiada a nivel de cuatro aspectos fundamentales, en los que todo ser humano que quiera tener acceso a cualquier rama del saber tiene que inmiscuirse: la ciencia, el arte, la filosofía y la mística.

La ciencia

A nivel de la ciencia gnóstica, esta tiene herramientas y claves para poder investigar y comprobar los fenómenos existentes y una de las ramas más interesantes, estudiada por la gnosis, es la psicología. La psicología está más allá de una carrera universitaria. La psicología es una palabra compuesta: «psico», que viene de psiquis; y «logía», de estudio. La psiquis tiene que ver con la mente; entonces la psicología es el estudio de la mente. Cada persona tiene su propia psicología y es importante estudiarla porque dentro de nuestra propia mente existen aspectos, tanto positivos como negativos, que en ocasiones entran en contradicción. A veces tenemos el impulso de cambiar hacia aspectos sublimes de tipo espiritual, pero, por otro lado, también se expresan factores negativos como sentimientos de ira, orgullo, resentimiento, rencor, etc., que nos llevan a una contradicción. Por tanto, es necesario saber qué nos sobra y qué nos hace falta.

¿QUÉ NOS SOBRA?: Nos sobra precisamente esa gama de defectos psicológicos planteados a nivel de la psicología experimental, como la codicia, la ira, la pereza, el orgullo, la gula, la envidia y la lujuria. Estos han sido conocidos como los agregados psicológicos o los siete pecados capitales.

¿QUÉ NOS HACE FALTA?: Nos hace falta desarrollar esas virtudes y facultades del alma, que pueden ir apareciendo proporcionalmente en la eliminación de los factores negativos nombrados anteriormente. Por ejemplo, si eliminásemos el orgullo desarrollaríamos la humildad, si eliminásemos la pereza desarrollaríamos la diligencia o la laboriosidad, etc. Tendríamos que conocernos a nosotros mismos a través de la psicología experimental.

La antropología es una rama que estudia el origen del hombre y en la gnosis se hace un estudio de las grandes culturas y razas de la humanidad antes mencionadas, de las razas que nos han antecedido (como la polar, la hiperbórea, la lémur, la atlante), humanidades estas que nos han precedido y de las cuales venimos como un proceso de evolución. Es necesario todo este estudio para poder comprender en qué momento nos encontramos actualmente y qué paso es el siguiente que deberíamos dar.

La astrología gnóstica no nos enseña el horóscopo, sino la verdadera astrología, que nos muestra la influencia de los astros en la vida del ser humano, de las especies y en la naturaleza. Nosotros, los seres humanos, nacemos en un determinado día, hora, mes y año, recibiendo una influencia astrológica de planetas y constelaciones, que son grupos de estrellas. Estos tienen influencia en el nacimiento de una persona, dándole ciertas prerrogativas para superarse a sí misma en ciertos aspectos psicológicos, en los cuales se tiende a caer cuando se nace bajo la regencia de ese signo y no porque esos aspectos vengan de la parte astrológica, sino que se polariza negativamente con nuestro aspecto psicológico. Todo esto merece un estudio profundo de conocimiento.

EL ARTE

En cuanto al arte, que es otro de los pilares del saber humano y a la vez del conocimiento gnóstico, debemos saber que el conocimiento es universal, pero lamentablemente se ha venido fragmentando (ya sea en ciencia, ya sea en arte, en la filosofía o en el aspecto religioso), de manera que incluso algunas personas opinan que la ciencia y la religión nunca se pueden juntar porque, según ellas, son totalmente opuestas. Es un planteamiento equivocado, puesto que la ciencia tiene mucho de mística o religión y la religión, para ser religión, tiene que ser científica. En el aspecto del arte se estudian la música, la pintura, la escultura y los símbolos transcendentales contenidos en ellas. Sin embargo, hay un arte que a veces pasa muy desapercibido, que es el arte de la convivencia, de las relaciones humanas, del despertar de la conciencia para poder darle solución a muchos problemas o conflictos. ¿Por qué el aspecto de las relaciones humanas tiene que ver con el arte? Porque todo artista necesita de un talento, de una sutileza, para poder tocar un instrumento y poder desarrollarlo a través de la convivencia, empezando en nuestro seno familiar, en nuestro aspecto laboral y ampliándose en la sociedad, que incluso tiene que ver con principios en las relaciones humanas, sin programarnos, ya que la vida en sí nos trae un sinfín de eventos en los que hay que estar atentos y abiertos a lo que podamos aprender (y también enseñar) a nivel social en un momento determinado.

La filosofía

La filosofía es aquella ciencia que trata de responder a interrogantes como el origen del universo y alcanzar sabiduría. La filosofía es una palabra compuesta que significa amor a la sabiduría. La filosofía, además de ser un estudio que nos acerca a grandes conocedores de este saber (Aristóteles, Sócrates, Platón, etc.) y a los tipos de filosofías que existen, nos lleva al estudio de los principales enigmas que hemos venido teniendo a través de la vida. ¿Quiénes somos? ¿De dónde venimos? ¿Dónde estamos? ¿Hacia dónde vamos? Estas son, precisamente, frases filosóficas que nos llevan a una reflexión importante, porque quien conozca verdaderamente quién es conocerá mucho, sabrá dónde se encuentra ubicado a nivel psicológico y cuál es el objetivo real de la existencia humana, porque ¿será solamente nacer, crecer, desarrollarnos y morir? Parece que no tiene sentido en cuanto al objetivo de la experiencia humana. El conocimiento nos ayuda, pero no solo teóricamente, sino también a poner en marcha métodos, entre ellos la meditación, para poder adquirir la sabiduría, que no entra al ser humano, sino que sale de él porque viene del sabio interior, que es nuestro propio ser. Siempre es bueno que el conocimiento vaya a la par con la práctica.

La mística (religión)

La mística es el desarrollo que puede lograr el hombre desde lo terrenal hacia una conexión espiritual. Tiene que ver con la palabra religión. Este término tiene una etimología latina;

viene de la palabra *religare*, que viene a ser como «volver a unir o volver a ligar». El significado transcendental de esta palabra nos lleva a buscar una serie de métodos y herramientas que nos permitan volver a unir al hombre con Dios. En cuanto a esta definición de volver a unir, esto quiere decir que el hombre ya estuvo unido con Dios; de lo contrario, no se entendería que debe volverse a unir. Ese tiempo en que el hombre estaba unido a Dios, de acuerdo a la Biblia, fue aquella época de Adán y Eva que se menciona en el texto bíblico, cuando el hombre estaba en armonía consigo mismo, con Dios, con el universo, con la naturaleza, con todas las especies, y fue denominado el rey de la naturaleza, de la Tierra, porque fue hecho a imagen y semejanza de Dios. Ahora parece ser que solo conservamos la imagen, porque la semejanza, lastimosamente, se ha perdido en cuanto a la pureza, las virtudes, los dones y a esas fuerzas trans-cendentales extraviadas. Sin embargo, las podemos recuperar a través de un trabajo de tipo interior.

Se hace un estudio y un análisis comparativo de las religio-nes principales existentes, donde vemos que tienen los mismos principios: se estudia que la naturaleza es una viva expresión de Dios, se estudian los misterios de la vida y de la muerte y se da una explicación científica acerca del aspecto místico religioso. Por ejemplo, pregunta importante: ¿continuamos existiendo después de la muerte? Para algunos sí y para otros no, pero ¿qué hay de cierto en ello? A través de la comprobación, no de una creencia. Así como tenemos cinco sentidos físicos que nos permiten capturar lo que hay en este mundo físico (ver, escu-char, olfatear, degustar y palpar), también para poder capturar y aprender lo que se encuentra más allá de lo físico o en los mundos espirituales necesitamos de las facultades extrasensoriales del hombre, que son los sentidos del alma. Por ejemplo, la intuición, la clarividencia, la clariaudiencia, la telepatía, el despertar del juego sagrado, la omnisciencia, la polividencia, etc. Todo esto se puede desarrollar a través de métodos que existen en los estudios gnósticos. La gnosis es una escuela de iniciación práctica en la vida, que lleva a la persona a ver la misma vida como una escuela donde todos los días debe aprender y rescatar los valores que le van a servir para poder llegar a la autorrealización íntima de su propio ser. Porque nosotros nos podemos realizar a nivel humano, a nivel social, a nivel profesional, pero queda algo que no se puede llenar y que debe lograrse a través de ese trabajo interior. O sea, cuando el ser y el hombre vuelven a ser un solo ser, ya que son dos partes que se unen y allí es donde verdaderamente se da la felicidad en la vida en el ser humano: encontrarla dentro de sí y no fuera. La ciencia tiene mucho de religión y la religión también tiene mucho de ciencia. Cada uno de estos cuatro pilares del saber humano (la ciencia, el arte, la filosofía y la mística o religión) se concatenan los unos con los otros y estos aspectos, más allá de estudiarlos a nivel académico e intelectual, también son aplicados en la gnosis a la vida íntima de cada persona, porque el hombre necesita una ciencia para conocerse a sí mismo, necesita un arte para vivir la vida, necesita una filosofía para conducirse en la misma y necesita una religión científica para unirse con Dios. Así que necesitamos un autoconocimiento, que es lo mismo que decir autognosis, cuyo conocimiento encierra veintitrés temas para estudiar y poner en marcha.

Personalidad, esencia y ego (psicología gnóstica)

La personalidad, la esencia y el ego son tres aspectos de la persona que se desarrollan en el transcurso de la vida.

PERSONA: Constitución física, anatómica y fisiológica humana.

PERSONALIDAD: Tiene que ver con la forma de ser de la persona, su forma de comportarse. Es como un vehículo de expresión de lo que llevamos internamente y eso que está en nuestro interior corresponde a dos tipos de naturalezas, conocidos como las virtudes o valores positivos y aquellos valores negativos, a los que se llama ego.

FALSA PERSONALIDAD (EGO): La falsa personalidad es el vehículo de expresión de valores negativos que llevamos dentro, conocido como ego. Hablamos de valores como el miedo, los prejuicios, los complejos de inferioridad y superioridad, los malos hábitos, la envidia, la agresividad, etc., que nos limitan y perjudican en la sociedad en que vivimos. Estos valores negativos o de prejuicios son infundados de los cero hasta los siete primeros años, ya que la niñez está condicionada a adquirir los patrones de hábitos, costumbres y comportamiento, que se van desarrollando durante el resto de la vida. Es importante que los padres, adultos y educadores tengan responsabilidad en la formación real de sus hijos o alumnos para lograr el éxito no solo en el sentido material del niño, sino también en su proceso integral. Por tanto, dependiendo de la formación que se dé se puede dar una personalidad verdadera o una falsa personalidad, llamada ego.

LA ESENCIA: La esencia puede ser el extracto más puro como, por ejemplo, el extracto de las flores. La esencia viene a ser una mínima fracción de lo que es el alma. El ser humano no tiene encarnada el alma; del alma lo que tenemos es una esencia. O sea, una fracción de alma. Nos basamos en lo siguiente. Jesús dijo: «En paciencia posaréis vuestra alma». Se da a entender que no tenemos todavía en sí el alma, pero que en paciencia desarrollemos la ciencia de la paz, que es un trabajo de toda la vida, y adquiriendo esa paz se podrá poseer eso que sí tenemos, pero no encarnado, que se llama el alma. También nos basamos en que si el ser humano tuviese encarnada el alma no habría guerras, no habría hambre, no habría injusticias, no habría odios, no habría maldad en el mundo, porque un ser con alma sería incapaz de hacer mal a su semejante. En esto necesitamos hacer el trabajo del desarrollo de la esencia, para que esa esencia algún día se convierta en alma. Esa esencia viene a ser como un niño y ese niño interior se puede ir desarrollando en la persona, así sea adulta, hasta adquirir la mayoría de edad a nivel espiritual.

~ IV ~

EL DESPERTAR DE LA CONCIENCIA (GNOSIS)

«Es urgente que sepamos que la humanidad vive con la conciencia dormida. Las gentes trabajan soñando, las gentes andan por las calles soñando, las gentes nacen, viven y mueren soñando. Cuando hemos llegado a la conclusión de que todo el mundo vive dormido, comprendemos la necesidad de despertar».

Maestro V. M. Samael Aun Weor

¿A qué sueño se está refiriendo el maestro Samael con estas palabras? No se refiere al sueño físico, sino que hay un sueño que tenemos aunque estemos biológicamente despiertos. Es decir, uno está durmiendo pese a que en las mañanas despertemos, nos levantemos y nos pongamos en marcha. ¿Y por qué nos encontramos en un sueño? Porque es eso que se llama la conciencia, que es una voz interior, una especie de facultad superior del ser humano (por ejemplo, me remuerde la conciencia de haberte herido), que a su vez es diferente a la conciencia que tenemos a través de los cinco sentidos (por ejemplo, tengo conciencia de diferenciar el sabor amargo del dulce, soy consciente de lo que estoy escuchando, etc.).

La conciencia ordinaria de vigilia se relaciona con los cinco sentidos del cerebro. La gente cree que tiene la conciencia despierta y eso es absolutamente falso. La conciencia es una especie de facultad de aprehensión de conocimiento interior, totalmente independiente de toda actividad mental. La facultad de la conciencia nos da conocimiento íntegro de lo que es, de dónde está, de lo que realmente se sabe, de lo que ciertamente se ignora.

No hay que confundir la conciencia con la capacidad de pensar o el intelecto, ya que alguien puede ser muy letrado y, sin embargo, estar dormido (no tener conciencia del conocimiento adquirido). Necesitamos no solo creer, sino experimentar directamente la realidad de los fenómenos existentes y ello lo hacemos a través de la preciosa facultad de la conciencia. Hay una diferencia abismal entre la conciencia y la creencia, ya que la creencia crea dudas y la conciencia pura nos lleva a la experimentación y, con ella, a la prueba de la certeza.

Los conocimientos gnósticos no vienen solamente de la parte intelectual de los maestros de sabiduría. Vienen de la comprobación que ellos mismos han podido tener conscientemente sobre estos fenómenos tanto en la parte física como en esos otros niveles superiores y dimensiones de la naturaleza, ya que somos seres multidimensionales. Los maestros también quieren que sus discípulos busquen y encuentren todas estas realidades superiores de conciencia para alcanzar la luz de la verdad, como lo hizo Jesucristo con sus discípulos y otros más.

Una buena actitud en la vida y especiales métodos científicos como la meditación nos ayudan a encontrar y alcanzar estos altos niveles de conciencia.

LA SUBCONSCIENCIA

La subconsciencia viene a ser una parte de la conciencia. Las llamadas inconsciencia, infraconciencia, subconsciencia, ego, yo superior, etc., son únicamente distintas formas o zonas de la conciencia dormida.

En ocasiones se confunde la supraconciencia (conciencia despierta) con la subconsciencia o el inconsciente. Urge despertar la conciencia para ser un clarividente, un iluminado, un supraconsciente.

Todo lo que entra por nuestros cinco sentidos del mundo exterior ingresa a nuestra mente y allí se queda registrado. Algunas de esas informaciones quedan en la conciencia de nuestros recuerdos; otras se quedan en el inconsciente o subconsciente durante años, pero pueden aparecer algunas conductas inapropiadas o apropiadas debido a algunas experiencias ocurridas durante la niñez.

Hay dos causas importantes para que se dé el sueño de la conciencia, que son identificación y fascinación.

IDENTIFICACIÓN: Es la afinidad que encontramos nosotros a nivel externo (o sea, afuera; por ejemplo, con un evento) o internamente con un pensamiento, sentimiento o recuerdo.

FASCINACIÓN: Es darle nuestra energía al yo en el evento a nivel emocional o mental.

Tendríamos un ejemplo cuando ocurre un problema en la relación de pareja y vienen los conflictos, que son retos que debe afrontar la pareja para consolidar más la relación, tratando de superar la situación. En cuanto a la identificación se puede dar un mecanismo de escape, identificándose con el licor, con una copa de vino. Si no hay solución, la persona para salvar la situación se fascina, entregándose a la bebida y a la embriaguez.

Dice el maestro Samael: «Si en la calle hay una protesta en contra del sistema y lanzan piedras y una persona mira esto, entonces esa persona se identifica con este tipo de conducta, haciendo lo mismo». Y así muchos ejemplos más. El hecho es estar ubicado en posición del porcentaje de conciencia que tengamos.

En síntesis, los distintos yoes psicológicos (orgullo, codicia, pereza, ira, gula, envidia, lujuria, etc.) son los causantes del sueño de la conciencia, ya que la han venido aprisionando a través del tiempo, condicionándola para ver la realidad. No vemos la realidad de lo que acontece; miramos la realidad a través de la inconsciencia a la que el ego nos tiene sometidos.

El yo psicológico usa la mente para poder dormirnos.

El ego vive en el tiempo y aprovecha las memorias y proyectos para llevarnos a la inconsciencia. Es necesario autoobservar la mente.

El ser (Dios) es eterno ahora.

El trabajo de sí mismo es la característica fundamental de la rebeldía psicológica, de la transformación del ser humano. Se ocupa de cierta transformación del momento presente, del momento en que nos encontramos, porque para cambiar no se necesitan años, sino un instante. Necesitamos aprender a vivir de instante en instante.

ALERTA PERCEPCIÓN-ALERTA NOVEDAD

Necesitamos vivir en plena atención, en plena autoobservación de nosotros mismos, vivir alerta a lo que pensamos, sentimos y actuamos. Esto es definitivo. Hay que dejar de soñar, de vivir fascinados, identificados con todos los problemas.

¿QUÉ ES LA MENTE?

La mente es el templo bíblico donde Jesús entra y dice: «Mercaderes, fuera de aquí». Esto hay que interpretarlo a la luz de la conciencia. No es necesariamente que sea un templo físico donde llegó Jesús con un con un látigo, porque entonces cabe decir que Cristo tuvo ira y esto es un concepto equivocado. La conciencia crística de nosotros tiene que entrar en la mente y decir: «Mercaderes, se van de aquí».

¿Quiénes son los mercaderes?

Los mercaderes son los que comercian con lo más preciado, con el tesoro más grande, que es la conciencia. Los textos sagrados solo pueden ser interpretados por los grandes maestros de sabiduría, pero a su vez todos podemos llegar a la sabiduría con el conocimiento. Un sencillo ejemplo: para poder sumar, leer y escribir, primero debemos conocer los números, las vocales y las letras.

Prácticas

1. Recuerdo de sí.
2. Clave de sol.

¿Qué es el recuerdo de sí?

El recuerdo de sí es la práctica fundamental de la gnosis, sin la cual ninguna otra práctica se realizaría conscientemente. Para uno practicar tiene primero que recordarse a sí mismo. ¿Soy solo este cuerpo? ¿Hay algo más? Cuando surge esta clase de preguntas es cuando empieza el recuerdo de sí mismo y no es tanto con la mente, sino con dejarse sentir. Hay que practicarlo despacio, pero sin pausa.

CLAVE DE SOL

S: Sujeto.
O: Objeto.
L: Lugar.

La clave de sol digamos que es un acróstico porque la S es un sujeto, la O es un objeto y la L es un lugar. Hay que dividir la conciencia o la atención en estos tres aspectos, pero primero tiene que sentirse uno a sí mismo.

SUJETO: ¿Quién soy?

OBJETO: ¿Qué estoy haciendo? ¿Qué estoy sintiendo? ¿Qué estoy pensando? Tomar conciencia.

Por ejemplo, una persona insulta y la otra no debe seguir ese mismo juego, es decir, no debe responder con la misma moneda. Debe detenerse a pensar: ¿quién soy? ¿Qué estoy haciendo? ¿Qué estoy sintiendo? ¿Acaso soy el yo de la ira? Es un buen momento para practicar la clave de sol y poder manejar de la mejor manera posible el yo de la ira. ¿Qué estoy pensando frente al insultador? ¿Quién está pensando? Esto sería una octava superior en la misma clave.

LUGAR: ¿Dónde estoy? Ser consciente del lugar, espacio y tiempo. Estar atento y consciente de dónde estamos y de lo que estamos haciendo. Ejemplo: come cuando estés comiendo, estudia cuando estés estudiando, descansa cuando estés descansando, etc.

Despertar también es ser conscientes de qué consecuencias negativas nos trae tal situación.

El yo psicológico

- Guerra.
- Hambre.
- Conflictos.
- Problemas.
- Injusticias.
- Dolor.

Todos los anteriores eventos tienen una raíz o causa debida a factores psicológicos que están en nuestro interior. La causa del sufrimiento y del dolor humano a nivel individual, familiar, social o de la humanidad en masas no está afuera, sino que esa causa está dentro del mismo ser humano. La ignorancia del hombre siempre está culpando a los demás por sus propios problemas y conflictos, pero el hombre sabio e inteligente se critica a sí mismo porque sabe que todo lo que ve afuera de sí mismo se halla dentro de sí a nivel psicológico, así que nosotros tenemos esos mismos factores en mayor o menor grado.

¿Qué es el yo psicológico?

El yo psicológico viene a ser una naturaleza de tipo inferior dentro de cada uno de los seres humanos. Suele determinarse como un solo yo, pero realmente está compuesto por muchos o una multiplicidad. Por ejemplo, si tomamos un vaso con agua como una unidad, está compuesto por miles de gotas de agua que, en su conjunto, forman un vaso de agua. Igualmente, un desierto está compuesto de miles de granos de arena y es un solo desierto. Asimismo, dentro de nuestra psiquis tenemos el yo psicológico. Ese yo psicológico es una multiplicidad compuesta por muchos y miles de pequeños yoes, como personas psicológicas que se hallan en la psiquis o en la mente de un ser humano.

El intelectual del periodo de la Ilustración Jean Jacques Rousseau escribió en su obra *El contrato social*: «El hombre nace bueno y la sociedad lo corrompe». O sea, el hombre nace sano, ya que cada individuo, cuando nace, carece de una estructura de pensamiento moral o social. Por lo tanto, el individuo no nace ya con una personalidad; la adquiere a medida que se va adentrando en la sociedad y va adquiriendo los modelos sociales que esta le impone, dejando el estado de «pureza» que tiene al nacer. Ampliando este concepto, podemos decir que uno nace con una chispa de valores, pero debido a la conciencia dormida se ha creado la formación de este yo psicológico, que es un descuido en nosotros que se viene dando desde siempre en la historia de la humanidad.

Este yo psicológico es de naturaleza inferior y el ser humano fue creando dentro de su naturaleza psicológica muchas otras personas psicológicas, llamadas yoes psicológicos, y cada una de ellas siente, piensa y actúa a través de esta máquina humana.

Según el maestro Samael, esta naturaleza de tipo inferior nos maneja como títeres hasta el momento en que un ser humano comienza a despertar la conciencia y a darse cuenta de esta misma naturaleza negativa dentro de su interior.

Yo superior, yo inferior

De acuerdo a la verdad, podemos decir que el yo superior y el yo inferior son tan solo dos partes de una sola cosa, que se llama el yo psicológico.

El yo psicológico es uno solo, en el sentido de una naturaleza inferior. El aspecto superior del ser humano es la conciencia o la esencia, que es una viva expresión del ser. El ser lo podemos definir como el íntimo, nuestro Dios interno o esa chispa de gran hoguera macrocósmica, universal, omnipotente, omnipresente, que lo puede todo y que está en todas partes. Esa unidad múltiple perfecta que es Dios tiene varios aspectos que son desdoblamientos del mismo, como chispas o rayos de un sol, y cada uno de esos rayos se halla en las distintas formas y expresiones de vida, entre ellas nosotros, los seres humanos. Y su opuesto negativo viene a ser el yo psicológico o *alter ego*, que es una creación de cada uno de nosotros con características muy nocivas, muy negativas e inferiores.

El aspecto del yo superior es tan nocivo que incluso una persona podría matar o inmolarse en nombre de la religión, en nombre de Dios y en nombre del amor, tal como sucedió en la llamada Santa Inquisición y aún en la actualidad con el islam. También en nombre de la patria, lastimosamente, se envía a jóvenes a matarse unos a otros en una guerra absurda por falsos ideales del ego, por ansias de poder, territorio y dominio. Todo esto es producto del yo psicológico.

MULTIPLICIDAD PSICOLÓGICA-MUCHAS MENTES

Nosotros podemos ver nuestra imagen en un espejo, pero si pudiéramos vernos en un espejo psicológico veríamos miles de personas. El maestro Samael Aun Weor, filósofo contemporáneo humanista, nos enseña que existen alrededor de 10.000 yoes dentro de la psiquis humana, es decir, 10.000 personas psicológicas, cada una de las cuales tiene su forma de pensar, de sentir y de actuar. Es por eso que en nuestra vida nos llenamos de contradicciones, hoy opinamos una cosa y mañana otra. Raras son aquellas personas que van empezando a tener un solo pensamiento, un solo sentimiento y una sola voluntad, ya que para esto se debe ir pasando de forma gradual por la eliminación del yo psicológico, porque el cambio que la gnosis está promulgando nos invita a nosotros, los seres humanos, a realizar un cambio de tipo radical y cortar aquellos orígenes de la maldad de cada uno de nosotros, los seres humanos, que están en los bajos instintos de la mente inferior. Es necesaria la muerte psicológica, porque el yo psicológico maneja la mente y, por tanto, la fracciona.

LOS SIETE PECADOS CAPITALES (YO PSICOLÓGICO)

«Aunque tuviéramos mil lenguas para hablar y paladar de acero, no alcanzaríamos a enumerar nuestros defectos cabalmente» (Virgilio).

LUJURIA

- Yo adulterio.
- Yo bisexual.
- Yo celos.
- Yo Edipo.
- Yo exhibicionista.
- Yo falso pudor.
- Yo fornicario.
- Yo homosexual.
- Yo lesbianismo, etc.

Este primer defecto psicológico o pecado capital es también llamado cabeza de legión porque la cabeza, en el cuerpo humano, viene a ser aquella parte desde donde se mandan las órdenes a través del sistema nervioso central y periférico a todas las aéreas del cuerpo. Similarmente, las cabezas de legión vienen a ser aquellas que maquinan el mal, aquellas áreas oscuras de nuestro aspecto psicológico que son las que ordenan múltiples defectos psicológicos.

IRA

- Yo blasfemia.
- Yo agresividad.
- Yo calumnia.
- Yo crítica mordaz.
- Yo asesino, etc.

Respecto a la ira, está en segundo grado de densidad debido a un defecto que todos tenemos en mayor o menor medida. Es aquel comportamiento erróneo de tipo psicológico, incontrolable y explosivo, tras el cual puede surgir frustración.

ORGULLO

- Yo automérito.
- Yo autoimportancia.
- Yo arrogancia.
- Yo complejo de inferioridad, yo complejo de superioridad, etc.

El orgullo es prepotencia, vanidad y soberbia. En cuanto al orgullo, hay quien dice: «Mi orgullo perdona tu ignorancia». Esto es una falsa humildad. El orgullo sano es aquel que llena de satisfacción por logros alcanzados a través de dificultades y esfuerzos, sin gritar a voces.

PEREZA

- Yo apatía.
- Yo excusas.
- Yo mínimo esfuerzo.
- Yo conformismo.
- Yo abandono de sí mismo, etc.

En cuanto a la pereza, se puede presentar en forma de bajos ánimos, sedentarismo y hábitos inadecuados.

GULA

- Yo egoísta.
- Yo exceso.
- Yo voraz.
- Yo glotón, etc.

La gula es un apetito excesivo hacia algo.

CODICIA

- Yo ambición.
- Yo mezquino.
- Yo excesivo.
- Yo ansias de poder, etc.

La codicia son las ansias de poseer demasiado sin necesitarlo y anula la virtud de la caridad.

ENVIDIA

- Yo competitivo.
- Yo hipócrita.
- Yo mentiroso.
- Yo traición.
- Yo miedo al qué dirán, etc.

La envidia es producto de una baja autoestima, porque es una comparación constante con los demás.

TEMOR

- Yo temor al fracaso.
- Yo temor al qué dirán.
- Yo temor a equivocarse.
- Yo temor al éxito.
- Yo temor a lo desconocido, etc.

El temor es un miedo que se siente de que algo perjudicial o negativo ocurra.

PASOS DE LA MUERTE PSICOLÓGICA

1. DESCUBRIMIENTO: Estar alertas y vigilantes a cualquier manifestación y reacción de nuestros defectos.
2. COMPRENSIÓN: Estudio, análisis y meditación de nuestros pensamientos y actos en relación al yo.

3. ELIMINACIÓN: A través del sabio uso de nuestra energía creadora sexual, la divina madre elimina los defectos, previa comprensión (no reacción) de los eventos ya estudiados.

PRÁCTICA

Autoobservación (observarnos a nosotros mismos, volvernos espías de nosotros mismos). Es clave, ante cada reacción psicológica emocional negativa, anotar la hora y el yo psicológico que se está manifestando. Ejemplo de algunos defectos:

- RESTAURANTE, dos de la tarde: IRA porque le sirvieron la comida fría.
- TRABAJO, tres de la tarde: ENVIDIA porque el trabajo de su compañero fue mejor.
- CASA, siete de la mañana: PEREZA, pues se quedó dormido.

Día tras día se van anotando cada una de estas situaciones y se estudian en la noche, haciéndonos preguntas del porqué de ese comportamiento y reconociendo, por ejemplo, la gastritis que se tiene debido a estos eventos y situaciones del yo psicológico.

La eliminación es un trabajo más profundo, que tiene dos aspectos: el uso de las energías sexuales, con sus respectivas técnicas, y no volver a reaccionar de la misma forma en los eventos para ganarnos el derecho de eliminar esos efectos psicológicos.

Los maestros dicen que hay que cambiar radicalmente, pero a nivel psicológico hay que morir en lo que hemos sido. No éramos así en un principio, en el momento de nuestra creación, y necesitamos dejar de serlo, porque originalmente no nacimos así.

Luz, calor y sonido (la vibración del sonido en relación con el cuerpo humano)

Hay un misterio importante de las tres divinas personas (la Santísima Trinidad: Padre, Hijo y Espíritu Santo).

Biológicamente, la luz, el calor y el sonido son tres aspectos inherentes a la misma creación. La creación necesita de la luz debido a que las criaturas que tenemos el sentido de la vista necesitamos de la misma luz para apreciar todas esas formas y coloridos de la creación, de la naturaleza. El día que una persona sea capaz de aprovechar su propia luz para alumbrarse despertará la conciencia.

También tenemos el calor, que es otra condición y propiedad para que la vida se pueda manifestar y desarrollar. Hablamos del calor atmosférico en los distintos planetas y en nuestro medio natural y animal. El día que una persona sea capaz de aprovechar su energía sabiamente con ese calor o fuego se transformará de lunar a solar.

Todo lo que se mueve en la creación produce un sonido. Nuestro propio corazón al latir produce un sonido. Según grandes sabios como Pitágoras, que hablaba de la música de las esferas, los astros y esferas también producen un sonido de forma imperceptible al oído humano; pero esos grandes sabios, que poseen esa facultad de la clara audiencia de los sonidos del ultra de la creación, perciben que existe una música de las esferas y que el universo se mueve.

«El día que una persona sea capaz de desarrollar su propia nota musical mediante una transformación física e interna, se unirá con Dios» (V. M. Lakhsmi Daimon).

En conclusión, la luz, el calor y el sonido son tres aspectos inherentes a la creación y los relacionaremos con el Padre, el Hijo y el Espíritu Santo.

SONIDO

El padre es el sonido (religión cristiana).

«En el principio era el verbo, y el verbo era con Dios, y el verbo era Dios. Este era el principio con Dios. Todas las cosas por él fueron hechas y sin él nada de lo que ha sido hecho fue hecho» (Juan 1, 1-3).

Ese mismo atributo del sonido, del verbo, de la palabra, es la fuerza del Padre dentro de cada uno de nosotros. Debemos tener la palabra sana en nuestra boca porque somos seres creadores.

Luz

El hijo es la luz.

«Otra vez Jesús les habló, diciendo: "Yo soy la luz del mundo; el que me sigue no andará en tinieblas, sino que tendrá la luz de la vida"» *(Juan 8, 12).*

Por lo común, al nacer se suele decir que la mujer «dio a luz». O sea, el hijo está asociado con la luz. El hijo es la conciencia humana, esa esencia, esa luz espiritual.

Calor

El Espíritu Santo es calor.

«El que no es conmigo, contra mí es, y el que conmigo no recoge, desparrama» *(Mateo 12, 30-31).*

En este aspecto biológico, el calor está asociado con la madre naturaleza. El calor permite que las distintas especies funcionen adecuadamente en su desarrollo.

Entre el padre y la madre generan ese hijo, esa creación que es la vida (padre, calor y luz).

El calor actúa en la misma creación, dándole expresión a la vida y poniendo en actividad biológica el funcionalismo de ese organismo, sea planta, sea animal o sea humano.

La luz actúa en toda creación, haciéndola tener vida propia y dándole lo que conocemos como el heliotropismo, o sea, el reflejo de la vida que allí existe, compenetrado con la luz increada.

HELIOTROPISMO

En botánica se denomina heliotropismo a la capacidad de las plantas de orientar sus órganos (hojas, tallos y flores) en dirección perpendicular o paralela a los rayos del sol. El caso más conocido es el del girasol. Nosotros somos como el girasol: volvemos a nuestro origen.

El sonido actúa en la misma creación, dándole la inteligencia y ayudándole a que conozca la ciencia que la rige en el organismo en que se encuentra, estabilizándolo a su vez para que cumpla, en armonía con la creación, el lugar que le corresponde. Todo lo que está en movimiento tiene sonido. Necesitamos aprovechar la inteligencia y el sonido para despertar conciencia y un aspecto de ello es el verbo, la palabra.

LUZ, CALOR Y SONIDO (PADRE, HIJO Y ESPÍRITU SANTO)

El Padre es sonido. «En el principio era el verbo, y el verbo era con Dios» (Juan 1, 1-3). Dios, como padre, es sabiduría y reside en el ojo de la sabiduría. El ojo de la sabiduría se halla situado en el entrecejo. La sabiduría es un atributo de Dios Padre en la persona. Debemos usar la fuerza del intelecto sabiamente y con amor.

El Espíritu Santo en nosotros tiene tres aspectos, que son materia, energía y conciencia. La conciencia es nuestra parte espiritual.

El Hijo es la luz del mundo.

Necesitamos aprovechar la inteligencia y el sonido para despertar conciencia. Es indispensable aprovechar nuestra propia luz para conocernos a nosotros mismos. Se hace necesario que el hombre y la mujer sepan aprovechar igualmente ese fuego o calor interno (energías sexuales) para lograr la regeneración, o sea, recrearse.

PRÁCTICA

El poder del sonido, el verbo, la palabra.

Creamos con la palabra.

El sonido produce movimiento-acción.

Necesitamos despertar nuestras facultades internas (chacras) con el poder del verbo.

El Padre está representado en nosotros con la inteligencia, porque es un atributo único del ser humano que viene del Padre, como también el hablar con razón y conciencia.

Dios, como Madre o Espíritu Santo, es el calor, esa fuerza sexual que nos permite regenerarnos.

Dios, como Hijo, viene a ser la conciencia humana, esa chispa divina llamada esencia, esa luz que nos permite vernos a cada uno de nosotros mismos.

Dios es una fuerza que se desdobla en otras fuerzas, principalmente en tres fuerzas primarias, para poder crear: Padre, Hijo y Espíritu Santo. Es omnipresente y omnipotente.

LA MÁQUINA HUMANA

Dentro de nuestra persona viven muchas personas, nunca somos idénticos. A veces se manifiesta en nosotros una persona mezquina; otras veces, una persona irritable; en cualquier otro instante, una persona espléndida, benevolente; más tarde, una persona escandalosa o calumniadora; después, un santo; luego, un embustero, etc.

«Ante todo necesitamos comprender que somos personas-máquinas, simples marionetas controladas por agentes secretos, por yoes ocultos» (V. M. Samael Aun Weor).

El cuerpo humano es una maravillosa creación, una máquina viviente llena de vitalidad y acción, quizás la creación más perfecta, anatómica y fisiológicamente, que posee diferentes funciones y sistemas vitales para su vigor y desarrollo. Por ejemplo, el sistema nervioso autónomo o involuntario, que se maneja al margen de nuestra voluntad en aspectos como la secreción glandular y en las funciones de las distintas hormonas, que llegan a nuestros diferentes órganos vitales viajando a través de la sangre.

En cuanto a la psicología gnóstica y la anatomía oculta del hombre, encontramos que esta máquina maneja ciertos tipos de energía, que desempeñan distintas funciones en diferentes centros. Cada uno de estos centros desarrolla cinco distintos tipos de energía, que son:

CENTRO INTELECTUAL

Energía del pensamiento.

1. Intelectual (cerebro).

CENTRO MOTOR

Energía del movimiento.

2. Motor (parte superior de la columna espinal).

Centro emocional

Energía de las emociones.

3. Emocional (plexo solar).

Centro instintivo

Energía de los instintos.

4. Instintivo (parte inferior de la columna espinal).

Centro sexual

Energía sexual.

5. Sexual (órganos creadores).

Como podemos ver, nuestro cuerpo es maravilloso y la energía sexual es la energía dadora de la vida y gracias a ella fuimos procreados. También es la encargada de seguir generando las distintas energías que se hallan en nuestro cuerpo. O sea, que hay una relación muy estrecha entre la energía del pensamiento, del movimiento, de la emoción y de los instintos con la energía sexual, porque la energía sexual es la más rápida, es la más volátil y la más poderosa y potente que se halla en el organismo humano. Definitivamente, no solo somos esta máquina humana en que nos expresamos en esta tercera dimensión de largo, alto y ancho, sino que también tenemos un propósito de vida, porque tarde o temprano este cuerpo fallece y debemos ser ahorradores de esta energía para poder hacer una obra, un trabajo, algo que satisfaga realmente las necesidades espirituales de nuestra esencia, de nuestra alma, de nuestro ser. Hay un gran maestro que dice: «Trágica es la existencia de aquel que muere sin haber conocido el motivo de su propia vida».

EL DESEQUILIBRIO DE LOS CENTROS DE LA MÁQUINA HUMANA

El desequilibrio de los centros de la máquina humana se debe a la acción del agregado psicológico.

¿A quién le gustaría estar enfermo o vivir en el dolor? A ninguno de nosotros. El dolor y la enfermedad en una persona se dan por la acción del yo psicológico en cada uno de estos centros de la máquina humana. Es importante darnos cuenta del proceso mediante el cual sucede esto. Este cuerpo, pese a estas maravillosas energías del pensamiento, del movimiento, de la emoción, del instinto, de las energías sexuales, entra en desequilibrio en un momento dado porque muchas veces no podemos contener un estado de ira, de disgusto, por discusiones, por no poder dormir por las noches y no poder descansar lo suficiente, por no poder dominar los movimientos… Su estado es nervioso, de miedo y de inseguridad, de tristeza, y se deja llevar por ese tipo de instintos y no logra dominar esa parte instintiva.

Todo esto precisamente se debe a la acción del yo psicológico y ese tipo de desequilibrio nos lleva a la enfermedad, al dolor e incluso a fallecer.

EL EGO COMO CAUSANTE DE LA ENFERMEDAD Y EL DOLOR

Así como todos los dolores, penas y sufrimientos, que se deben a la acción del yo psicológico en una persona, también una enfermedad física se debe a la acción del ego en estos centros que forman parte de este proceso. Hay muchas enfermedades de tipo emotivo, como la gastritis emotiva, la diabetes emotiva, el colon irritable y todo lo que tiene que ver con los órganos que están en el centro emocional, que se halla ubicado en la parte del plexo solar, en la zona digestiva y sus órganos adyacentes como el estómago, el páncreas, el hígado, el colon, etc.

Este tipo de enfermedades emotivas se da justamente por la acción del ego en el centro emocional. Es decir, cuando una persona tiene ira, tiene rencor, tiene resentimiento, etc., no logra transformar una impresión muy fuerte, por ejemplo, en la hora de la comida y esta podría caerle muy mal y causar una intoxicación. Esto es producto precisamente de lo que sucede a nivel de desequilibrio del centro emocional.

ALGUNAS ENFERMEDADES DEL CENTRO EMOCIONAL

- Gastritis.
- Diabetes.
- Colon irritable.

Cuando una persona tiene enfermedades como alzhéimer, neurastenia, párkinson, pérdida de memoria, etc., son enfermedades del centro pensante. ¿Quién está ocasionando el desequilibrio de la máquina humana? Lo está haciendo el yo psicológico, que se introduce en el centro pensante y hace que piense incluso en recuerdos negativos, frustrantes, de temor y en aspectos muy nocivos, que generan un torpe gasto del centro pensante y de la energía de los pensamientos. Estas son enfermedades del centro pensante, ya que el yo psicológico interviene en la parte mental de la persona, haciéndole pensar en cosas negativas, nocivas, incluso llegando a estados de depresión.

ALGUNAS ENFERMEDADES DEL CENTRO PENSANTE

- Alzhéimer.
- Párkinson.
- Neurastenia.
- Nerviosismo.

Cuando, por ejemplo, una persona es presa de un yo psicológico de la lujuria, esto genera que a nivel del centro sexual esta persona despilfarre sus energías sexuales en el desborde de placer de la promiscuidad, en la lascivia, en el adulterio, en la infidelidad, en la concupiscencia y en todo tipo de reacciones negativas de este centro. Por ende, vienen las diferentes enfermedades venéreas (sida, gonorrea, sífilis, etc.), además del desgaste de los demás centros de la máquina humana que tienen que ver con este centro sexual. Así mismo pasa con el centro instintivo y con el centro motor. Por ejemplo, no se debe abusar de las actividades físicas y deportivas, aunque siempre es bueno practicarlas de manera moderada para un buen estado físico y mental.

PROCESO DE ACCIÓN DEL YO PSICOLÓGICO EN LOS CENTROS DE LA MÁQUINA HUMANA

El yo psicológico es aquel que se encarga de gastar nuestras energías al margen de nuestra propia voluntad. No somos conscientes de lo que está sucediendo en nuestro cuerpo debido a que no nos conocemos y, por consiguiente, vienen las enfermedades psicosomáticas. Necesitamos dejar de ser máquinas humanas en el sentido de ser manejados por fuerzas desconocidas que están en nuestro interior. Eso se logra a través de las técnicas del recuerdo de sí, sintiéndonos a nosotros mismos: estar atentos (alerta percepción, alerta novedad del observador y observado), ver qué pensamos, qué sentimos, cómo actuamos en un momento dado para en ese momento detener la acción del yo psicológico, que precisamente ha sido el causante de los grandes dolores, penas y sufrimientos en el transcurso de nuestra vida.

LOS DOS CENTROS SUPERIORES DE LA MÁQUINA HUMANA

1. Intelectual superior (cerebelo). Centro intelectual superior (mente interior).
2. Emocional superior (corazón). Centro emocional superior (intuición).

Solo se tiene acceso a las facultades de estos centros si se tiene un equilibrio de los cinco inferiores. Tenemos el centro pensante o intelectual superior, ubicado en el cerebelo, y el centro emocional superior, ubicado en el corazón.

El centro intelectual superior nos confiere la capacidad del sintetismo conceptual, la capacidad de poder utilizar la mente interior, tener acceso a esa mente cósmica superior a través del equilibrio de los cinco centros inferiores de la máquina humana. O sea, cuando estamos en equilibrio, cuando estamos en autoobservación, en recuerdo de sí, y estamos pasivos para el yo psicológico en los eventos de esas acciones o reacciones negativas que solo ocasionan sinsabores, problemas y frustraciones, entonces tenemos acceso a la mente superior y es cuando de pronto la persona dice: «Por fin sé la solución, cómo resolver este problema». Esto se debe a la práctica de las técnicas de estados de quietud, entre ellas la meditación, tras el equilibrio de los cincos centros inferiores. También a esa maravillosa facultad que está en nuestro corazón: la intuición, las premoniciones, ese saber sin pensar, sentir, percibir más allá del pensamiento, de la lógica y del uso de la razón. Precisamente, de los cinco centros inferiores la razón es el más lento. Si nosotros pudiéramos utilizar ese centro emocional superior, conectar con el corazón, no tendríamos que gastar tantas neuronas para poder resolver tantas situaciones. Por tanto, vemos que ese centro emocional superior, que se halla en el corazón, nos confiere la capacidad de la intuición, es decir, saber sin pensar. Y es maravilloso, pero tras el equilibrio de los cinco centros inferiores de la máquina humana.

Ejercicio

Ante todo evento fuerte, ante toda emoción y pensamiento negativo que tengamos, tratemos de calmarnos, reflexionar y ser pasivos en lo que vamos a hacer.

«Si en un momento dado tenemos que decir algo, porque en ocasiones es tan malo hablar cuando hay que callar como callar cuando hay que hablar, tenemos que hacerlo conscientemente, calmadamente, plantear lo que se tiene que plantear y sin herir ni hacer daño a los demás para un bien común y un progreso en nosotros mismos.

Empecemos por comportarnos conscientemente durante una pequeña parte del día. Necesitamos dejar de ser simples máquinas aunque sea durante breves minutos diarios. Esto influirá decisivamente sobre nuestra existencia» (V. M. Samael Aun Weor).

EL CAMINO Y LA VIDA

En la vida de toda persona existen dos aspectos importantes, que son precisamente la vida y el camino. Nadie puede ser ajeno a estos dos aspectos de la misma vida. Veremos lo que es la vida antes de ver la importancia de recorrer un camino.

La vida, en sí misma, tiene cuatro aspectos definidos: orgánico (funciones vitales), eventual (acontecimientos, circunstancias), interior (estados interiores) y espiritual (valores de conciencia).

ORGÁNICO: En el caso de la vida orgánica, es la vida que se desenvuelve en el llamado cuerpo físico, que es susceptible a enfermedades y situaciones de salud. Por ejemplo, un encuentro entre dos personas en la calle y se saludan, diciendo una de ellas: «¿Cómo estás?». La otra responde: «Estoy bien de salud», «ya me recuperé», «me encuentro bien», etc. Esto, más que nada, se refiere al caso de la vida orgánica.

EVENTUAL: En el segundo aspecto, el de la vida eventual, en ocasiones el comentario es: «Me gradué», «me casé», «he tenido hijos», «tengo un nuevo trabajo», «he ganado buen dinero», «fracasé en tal empresa», «me mudé», etc. Es decir, una cantidad de eventos exteriores o circunstancias de la vida, que es lo que sucede en la existencia de una persona.

En estos dos aspectos, vida orgánica y eventual, el ser humano se da a conocer mucho, profundizándose más en estas situaciones, ya que se comenta más sobre estos temas.

INTERIOR: En cuanto al tercer caso, el aspecto interior, poco se comenta. Es lo que tiene que ver precisamente con los estados interiores que tiene la persona en cuanto a la mente, a sus emociones, decisiones, contradicciones, angustias, depresiones, modo de ver las cosas o a lo que piensa. Hay un olvido de nosotros mismos en ese aspecto psicológico y puede haber un vacío existencial de graves consecuencias por falta de conocimiento y de comprender estos estados interiores, que en ocasiones llegan a nuestras vidas como estados de tristeza, depresión, emociones negativas, etc.

ESPIRITUAL: El cuarto aspecto de la vida es el espiritual, pero una vida espiritual en vida, profunda, transcendental, que lleva a la persona al desarrollo y al despertar de la conciencia, lo cual la va a llevar a entender esos fenómenos existentes (la vida, la muerte), esos fenómenos extrasensoriales e incomprensibles para una mente limitada, llevando la espiritualidad a un dogma o a una teoría.

Tanto la vida orgánica como la eventual, generalmente están sometidas a las leyes mecánicas de la naturaleza, que son 48. Veremos algunas para, precisamente, comprender por qué este tipo de vida algunas veces se nos vuelve tan mecánica y tediosa.

LA LEY DE LOS OPUESTOS

La ley de los opuestos o ley del péndulo es aquella que nos lleva a pasar de un polo a otro en estados de ánimo o estados físicos materiales. Un ejemplo: en un momento sentimos alegría y de repente pasamos a una tristeza. También se dan en los estados físicos de abundancia o de carencia, de compañía o soledad, de afirmar algo o negarlo posteriormente sin ningún tipo de conciencia alguna. Es una ley que maneja nuestros estados emocionales, de abundancia, de carencia, de salud. No somos dueños de nuestros propios procesos emocionales y mentales (psicológicos) porque recibimos estímulos exteriores sin estar en un punto de equilibrio.

LA LEY DE NIVELACIÓN

La ley de nivelación es la que nos nivela cuando nos encontramos en un estado de sueño de conciencia y seguimos una conducta errónea, ya sea de manera física o de pensamiento. Por ejemplo, el imitar al otro en el desorden público.

LA LEY DE EVOLUCIÓN Y DE INVOLUCIÓN

La ley de evolución y de involución es aquella que asciende (nace, crece, se desarrolla, tiene hijos) y luego desciende (envejece, se deteriora y muere). Se da en nuestro cuerpo físico. Esta ley debería ir a la par de nuestro crecimiento de conciencia en cuanto a ascender.

La ley del karma y del *darma* o retribución

Esta ley del karma o retribución es la que hace que todo lo que se haga para el mal sea devuelto de la misma forma negativa, porque hay balanza y una justicia celestial que todo lo ve y que hace justicia. Igualmente, existe lo contrario al karma, que es el *darma*, ese conjunto de consecuencias positivas que se devuelven como una retribución a la misma persona que las ejecuta en forma de salud, abundancia, dinero, comprensión, sabiduría… Es decir, en muchos atributos que a veces decimos que son buena suerte (en el caso del karma, mala suerte), pero realmente la buena y mala suerte no existen, porque el universo no se maneja con el azar, sino a través de leyes que organiza la misma creación, en este caso leyes mecánicas que están rigiendo en el agregado psicológico.

Vemos entonces: trabajar para comer, comer para sobrevivir, descansar para retomar diariamente las mismas actividades y dramas de la vida. Nacer, crecer, desarrollarse, reproducirse, envejecer y morir en modo alguno deben constituir el único objetivo de la vida.

¿Cuál es el objetivo real de la existencia?

Para contestar a esta pregunta debemos detenernos a pensar en las grandes inquietudes espirituales: el porqué y la razón de estar aquí y hacia dónde vamos después de morir. Es aquí cuando se presenta el tope o punto matemático, que es cuando la persona quiere conocer y anhela algo más de la vida aparte de lo vivido, de lo conocido, ya lleve una vida estable, con éxitos, o de fatalidades en cualquier área de su vida.

EL TOPE O PUNTO MATEMÁTICO

El tope o punto matemático podríamos decir que es el momento más interesante en la vida de toda persona, donde se cruzan la línea vertical y horizontal de la vida y que viene a ser ese signo de la cruz, que no ha sido entendido. Porque la cruz ha sido un símbolo de misterio no solo en el cristianismo, ya que también encontramos la cruz en los altares antiguos de diferentes civilizaciones como en los aztecas, en el imperio inca, en el budismo y demás. Es un símbolo siempre de misterio, que está representando un cruce, un cruce de fuerzas de dos aspectos de la vida que se tienen que encontrar en un tope o punto matemático, que es la inquietud espiritual, del alma, y que debería ser el inicio del camino de cada persona. Porque existen tantos caminos como personas hay en la Tierra y muchos más, pero muchas veces la persona lo deja pasar y se va apagando la voz del corazón hasta que llega al final de esa horizontal, que es la muerte, y la persona queda sin haber conocido verdaderamente el motivo de su propia existencia.

¿QUÉ ES EL CAMINO?

El camino es la misma vida intensamente vivida, es la vida cotidiana. Es decir, es el diario vivir, pero que no solo es vivir las experiencias, sino que también es hacer conciencia de las experiencias vividas y vivirlas con un propósito, saber cuál es ese propósito y que cobra un sentido definido.

Todo camino conduce a algún lugar. Por ejemplo, la autopista norte de una carretera en cualquier lugar, obviamente, va de sur a norte y se pretende llegar a tal punto definido. Igualmente, hablando del camino que no es físico, sino de un camino de tipo interno, de conciencia, está marcado por una serie de pruebas o pasos, que se han conocido a través de todas las épocas como la iniciación. Teniendo en cuenta ese aspecto horizontal de la cruz, este es el camino de todos, es el camino de las grandes masas y que solo conduce a la muerte, a morir, y en muchos casos sin haber tenido conciencia de la misma vida. Lo importante es haber logrado saber el objetivo de nuestra existencia y que esto se obtiene cuando ingresamos por ese camino, tras ese tope o punto matemático, y allí empezamos a avanzar.

¿CÓMO PODEMOS AVANZAR POR ESE CAMINO?

Por este camino podemos avanzar con el conocimiento, en este caso el espiritual, porque sin el conocimiento no aprendemos nada. Para aprender hay que conocer los pasos o el protocolo, la forma como se aprende todo: cómo aprender a caminar, a ser educados, a leer, a escribir, etc. Este especial camino espiritual tiene un fin y es la autorrealización íntima del ser y, más allá, la liberación final, es decir, la integración total de este aspecto de conciencia, esencia y alma al propio ser de esa persona. Es la integración que debe haber entre lo humano y lo divino. Es un camino arduo y difícil, pero muy valioso. Cada paso de ese camino se va constituyendo con el aprendizaje que cada persona pueda tener de cada experiencia de la vida.

Por ejemplo, en cuanto a su carencia económica, muchos protestan de todos y hacia todos, hasta del mismo Dios. Pero si esas personas se detuvieran a pensar el porqué de esa situación o por qué Dios y sus leyes las están llevando a pasar por esa carencia económica, entonces las personas podrían hacer conciencia de ello, encontrar esa respuesta y darse cuenta quizás de que hasta ese momento habían venido despilfarrando su economía, su dinero, en cosas superfluas. Ese análisis y esa comprensión harían que adquirieran conciencia de no volver a caer en ese mismo error.

Es importante el silencio, el estar en algunos momentos a solas con nosotros mismos, porque nos lleva a aquietar nuestra mente, a escuchar la voz del corazón a través de estos medios de análisis, reflexión y meditación.

Estos conocimientos de análisis, reflexión y meditación son de tipo superior (como, por ejemplo, conocimiento de sí mismo, de su propia psicología, de esas leyes mecánicas que la rigen), pero sin ellos, lamentablemente, se estaría en ese círculo vicioso de muertes y nacimientos. Es importante ir ingresando por ese camino, ya que se necesita comprender que es en este instante cuando estamos sintiendo este tipo de necesidad de cambiar y que hay que aprovecharlo porque todo pasa. Y esta voz del ser, ese impulso del corazón que nos incita a cambiar, a transcender, a superarnos a nosotros mismos, si no le prestamos atención puede apagarse algún día y estamos en un gran momento para escucharla y atenderla. El pasado y el futuro no existen; lo único que existe es este instante, este presente, y para cambiar se necesita tan solo un momento, se necesita un instante, que es precisamente el momento actual que estamos viviendo. Lógicamente, los cambios de fondo o radicales se realizan a lo largo del tiempo, pero esos grandes cambios radicales empiezan o comienzan con un cambio de actitud, cuando somos obedientes a esa voz del ser, a esa necesidad de un cambio radical, que no nos pesará porque llegaremos a la integración con ese mismo ser que nos está dando ese impulso de conciencia y espiritual.

No hay que olvidar que necesitamos siempre recordarnos a nosotros mismos y practicar esa clave de observador y observado de instante en instante. Hay que recordar que el observador es la conciencia, que es aquella parte del ser y aquella fracción del alma que es la naturaleza más pura, más sublime y superior que tenemos en nuestro interior. Y ese observado debe ser el ego de momento a momento, que son aquellos agregados psicológicos que tanto daño nos causan, con dolor y sufrimiento, y que se expresan a través de nuestra mente. Por eso es importante hacer ese viaje, muy corto y valioso, que es de la mente al corazón, un viaje que se le ha olvidado al ser humano, como dice el maestro Lakhsmi; porque es en el corazón del hombre donde habita el ser y él tiene todas las respuestas que necesitamos tener para poder ser algo más en nuestra vida.

LOS SIETE CUERPOS DEL HOMBRE, SEGÚN EL CATECISMO GNÓSTICO

1. CUERPO FÍSICO.
2. CUERPO ETÉRICO O VITAL.
3. CUERPO ASTRAL.
4. CUERPO MENTAL.
5. CUERPO CAUSAL.
6. ALMA.
7. ESPÍRITU DIVINO.

El hombre es séptuple en su constitución interna y esos siete cuerpos están o se encuentran en diferentes dimensiones, que a su vez se penetran y compenetran sin llegar a confundirse.

CUERPO FÍSICO

El cuerpo físico es de carne y hueso. Se encuentra en el mundo tridimensional, regido por 48 leyes. Es el cuerpo más denso y el único conocido por la humanidad.

CUERPO ETÉRICO O VITAL

El cuerpo etérico o vital es el cuerpo que le da vida al cuerpo físico. Se encuentra en el mundo etérico y es la prolongación del cuerpo físico tridimensional.

Cuerpo astral

Es el cuerpo donde nos vemos durante los sueños. Se encuentra en el mundo astral, regido por veinticuatro leyes. En el mundo astral podemos volar y flotar por los aires porque es un mundo más sutil que el mundo físico. Asimismo, podemos vernos y conversar con nuestros difuntos porque es la región de los fallecidos. En esa dimensión la persona se encuentra totalmente dormida, por lo que es víctima de sus propias pasiones.

Cuerpo mental

El cuerpo mental es el cuerpo de nuestra mente, que se manifiesta en nosotros por medio del cerebro, el cual actúa como su instrumento transmisor. Se encuentra en el mundo de la mente universal, regido por doce leyes. El mundo mental es aún más sutil que el astral.

Cuerpo causal

El cuerpo causal es el cuerpo de la voluntad. Se encuentra en el mundo causal, regido por seis leyes. En el mundo causal se encuentran las causas o átomos causales de todo lo creado. Esta región es mucho más sutil que el mundo mental.

Cuerpos alma y espíritu

Estos cuerpos, alma y espíritu, no los tiene encarnados el hombre actual. Son los cuerpos Budi y Adman de la filosofía secreta, son cuerpos maravillosos que están unidos a nosotros por el hilo de oro de la divinidad, son los cuerpos correspondientes a las tres fuerzas primarias de la naturaleza. Se encuentran en el mundo del espíritu puro, regidos por tres leyes: la del Padre, la del Hijo y la del Espíritu Santo.

El hombre actual no tiene los auténticos cuerpos solares, pero tiene cuatro cuerpos lunares o cuerpos tendentes a negativo: el físico y el etérico, que es la prolongación del primero; en segundo lugar, el astral lunar, que es el del deseo; tercero, el mental lunar, que siempre se lava las manos, y cuarto, el de la mala voluntad. Estos cuerpos lunares son opuestos a la divinidad y es por esta razón que los dos cuerpos divinales no han sido encarnados por la humanidad. Para encarnar los dos cuerpos divinales se requiere primero eliminar todos nuestros defectos; en segundo lugar, fabricar los cuerpos solares del ser, y finalmente se deben eliminar los cuerpos lunares.

¿Qué son los cuerpos existenciales del ser?

Los cuerpos solares son los vehículos del alma y del espíritu, sin los cuales estos no se pueden manifestar, ni mucho menos encarnar en nosotros. Los cuerpos solares juntos forman el *To-Soma Heliakon* de los indostaníes, el vehículo de oro del hombre solar. Con estos esplendidos vehículos podemos transportarnos a cualquier parte, en cualquier dimensión, y ver, oír y palpar las grandes realidades del cosmos.

¿Cuáles son los cuerpos existenciales del ser?

Los cuerpos existenciales del ser son cuatro:

- EL FÍSICO Y EL ETÉRICO SOLARES.
- EL ASTRAL SOLAR.
- EL MENTAL SOLAR.
- EL CAUSAL SOLAR (el cuerpo de la voluntad consciente).

¿Cómo fabricamos los cuerpos solares existenciales del ser?

Los cuerpos existenciales del ser se fabrican mediante la transmutación sexual. Primeramente, las emanaciones seminales transmutadas impregnan las células del cuerpo físico. Cuando todas las células han quedado completamente impregnadas, del excedente de las emanaciones seminales transmutadas comienza a cristalizar el hidrógeno sexual. Esta materia penetra en el astral y comienza a formar el cuerpo astral solar hasta que se desarrolla completamente. Una vez formado el astral, el hidrógeno sexual excedente penetra en el mental para formar el cuerpo mental solar. Una vez formado, la materia prima excedente penetra en el causal para formar, por último, el cuerpo causal solar. Así quedan formados los cuatro cuerpos existenciales del ser.

Para estos tiempos actuales de devastación y destrucción del planeta, tanto en la Tierra como en los seres humanos se está elevando una mayor vibración sutil y el ser humano va a descubrir una gran verdad espiritual en este tiempo, la cual no tiene que ver con religiones, sino con su propio ser interior y conocimiento de sí mismo. Por eso hay que prepararse con un conocimiento real y no con base en creencias programadas que nos mantienen solo anclados en lo terrenal. Tenemos pruebas de diferentes profecías, que han sido transmitidas en diferentes épocas, en diferentes lugares, con diferentes civilizaciones (como las profecías bíblicas, las profecías mayas, las profecías de los indios hopi de Norteamérica o las personales de Nostradamus, Benjamín Solari Parravicini, etc.), y que nos anuncian estas cosas. Por eso necesitamos tanto el despertar de la conciencia de que somos seres infinitos constituidos de amor y de luz.

«Las religiones nos enseñaron a creer en Dios en vez de enseñarnos a conocer a Dios dentro de nosotros mismos».

En enero del año 2010 y en mayo de 2019 tuve unas experiencias dolorosas, pero realmente maravillosas porque me confirmaron que hay un gran y poderoso ser que habita en nosotros.

El poder está dentro de nosotros y para descubrirlo debemos despertar nuestra conciencia sutil con el conocimiento y sabiduría desde el principio de los tiempos y adentrarnos en nosotros mismos. Entonces seremos seres libres, cargados de sabiduría, paz, luz y amor.

Del estado humano saldrán seres de luz de alta y veloz vibración o seres de baja y lenta vibración. Y estamos ya en este instante decisivo para lograrlo con el despertar y tus alas del espíritu.

Y acabo así, sin pretender finalizar aquí, porque hay mucho que saber y que decir sobre el conocimiento gnóstico, ya que es un campo muy amplio y profundo del saber, del conocerse a sí mismo tanto en teoría como en ejercicios prácticos. No tengo la intención de que creas en mí, sino de que compruebes por ti mismo, ampliando y profundizando más el conocimiento sobre este valioso estudio. Hay muchos más estudios sobre el mismo tema: *Evolución consciente, Geometría sagrada, Un curso de milagros*, etc.

Al ponerse en marcha mi manuscrito para transformarse en libro, justamente sincroniza con el Covid-19 que se extiende como pandemia por nuestro planeta.

Mi sentido corazón me hace escribir.

A todo ser humano, en cualquier situación de vida, la vida lo reconocerá y su huella quedará indeleble sobre la faz de la Tierra.

Hasta siempre.

Guida Palomo Meza nació en el seno de una familia numerosa y unida, conformada por nueve hermanos, de reconocidos padres en la vida política y en defensa de la democracia y la justicia en Córdoba (Colombia). Psicopedagoga, especializada en Psicología y Pedagogía, egresada en la Universidad Externado de Colombia, con experiencias como directora en preescolar, asesorías en reforzamiento y aprendizaje escolar de manera individual y orientadora profesional hacia la elección de carrera superior universitaria  con alumnos de bachiller. Con gran inclinación al arte de la pintura, el canto y la danza, simultáneamente ha desarrollado su inquietud en la investigación y conocimiento de la psiquis y el alma humana.